AF396507

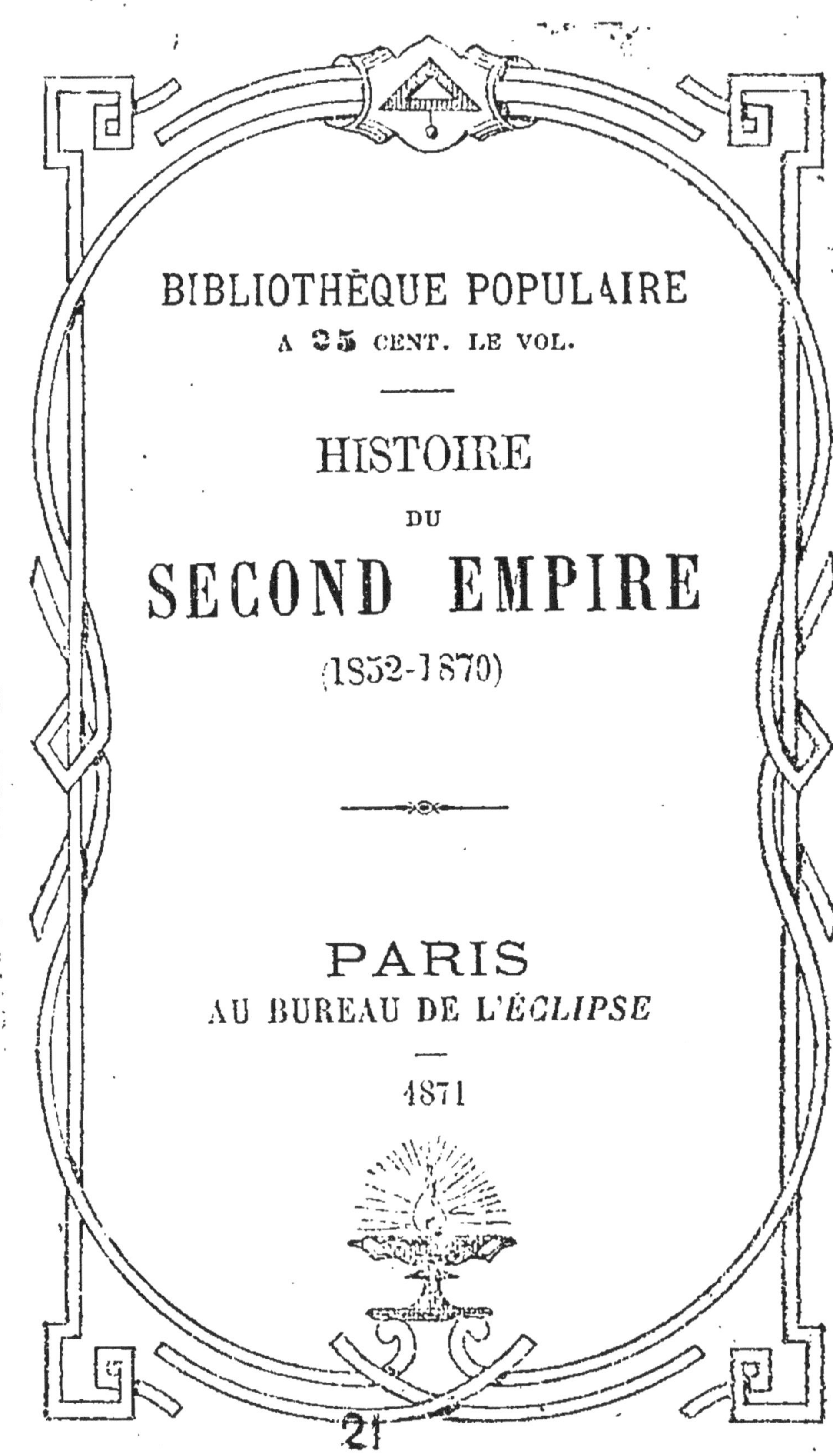

BIBLIOTHÈQUE POPULAIRE
A 25 CENT. LE VOL.

HISTOIRE

DU

SECOND EMPIRE

(1852-1870)

PARIS
AU BUREAU DE L'ÉCLIPSE

1871

21

LE
COND EMPIRE

PAR

JACQUES POPULUS

PARIS

AU BUREAU DE L'*ECLIPSE*

16, RUE DU CROISSANT, 16.

1871

PRÉFACE.

Nous n'avons pas la prétention, dans un cadre aussi étroit, d'écrire l'histoire du second Empire : quelques pages ne sauraient suffire là où il faudrait des volumes. Aussi bien, forcé de nous borner, avons-nous tenu à expliquer l'œuvre par l'homme, l'Empire par l'Empereur; et nous a-t-il paru utile, avant d'esquisser les traits principaux du règne de Louis-Napoléon Bonaparte, — ce règne qu'on a si justement appelé *la servitude volontaire du peuple français*, — de suivre l'aventurier à travers les folies et les complots de sa jeunesse. Son arrivée au pouvoir suprême n'a pas été l'effet du hasard, le coup de fortune d'un joueur heureux, mais bien le résultat — longtemps attendu, ardemment convoité — d'un plan arrêté depuis de longues années. Strasbourg et Boulogne contiennent le coup d'État en germe; c'est le prologue bouffon du drame qui va se dénouer le 2 décembre. Il y a, du coup de pistolet de Boulogne à la fusillade du boulevard Montmartre, la distance qui sépare le conspirateur isolé du dictateur tout-puissant, l'échec du succès.

C'est à dessein que nous avons passé rapidement sur le récit de ces sanglantes journées de Décembre, dont après vingt ans on peut dire enfin toute l'horreur, maintenant que la voix des témoins n'est plus étouffée et que les victimes peuvent déposer devant l'histoire. Nous avons pensé qu'on ne pouvait décrire en quelques pages d'aussi néfastes événements, et nous nous proposons d'en faire prochainement l'objet d'un volume spécial.

Quant à l'Empire proprement dit, au second Empire, — cette saturnale du despotisme, — qui devait durer dix-huit années pour finir honteusement à Sedan, après nous avoir, comme le premier, amené l'invasion, nous l'avons étudié dans ses transformations successives, dans ses phases les plus importantes ; nous en avons décrit les faits capitaux, jusqu'à l'horrible guerre dont la France saigne encore, et dont le récit a déjà trouvé place dans cette Bibliothèque.

Si imparfaite que soit cette étude, si

écourté que soit ce réquisitoire, nous souhaitons vivement que nos lecteurs y puisent, en même temps que l'âpre mépris qui nous l'a inspiré, le juste ressentiment qui doit rendre impossible le retour de pareils forfaits.

Il nous plaît d'ailleurs, de nous livrer à cette tâche pendant que les bruits de complots bonapartistes trouvent créance dans la foule des trembleurs et des corrompus. Il nous plaît d'évoquer les morts du 4 décembre alors que le conspirateur impuissant de Chislehurst trame quelque nouvelle perfidie contre cette nation qui l'a rejeté de son sein et qui, instruite par les rudes leçons du passé, et devenue maîtresse de ses destinées, ne veut plus de dictateurs.

2 décembre 1871. — Vingt ans après le coup d'État.

I.

Jeunesse de Napoléon III.

Bonaparte (Charles-Louis-Napoléon), qui régna sur les Français sous le nom de Napoléon III, naquit à Paris, le 20 avril 1808, du mariage de Louis Bonaparte, troisième frère de Napoléon Ier, et roi de Hollande, avec Hortense-Eugénie de Beauharnais. Il était, par conséquent le petit-fils de Joséphine de Beauharnais, la première épouse de Napoléon Ier. D'humeur fort différente, les époux, mariés le 2 janvier 1802, ne devaient pas longtemps s'entendre ; c'est ce qui résulte d'une lettre du roi Louis à sa femme, datée de Rome, 14 septembre 1816 (1). «.... Beaucoup de personnes, dit-il, peuvent témoigner que le consentement que nous fûmes obligés de donner n'a jamais été libre, soit de mon côté, soit du vôtre.

(1) *L'Empire, les Bonaparte et la Cour*, par J. Claretie. 1 vol., chez Dentu.

Tous ceux qui nous approchèrent, et l'on peut même dire la majeure partie du public de Paris, savent que nous fûmes conduits à cet acte par force.... Dès lors, plus de quatorze ans se sont écoulés et *nous n'avons jamais été une seule fois d'accord.!* Dans une période de temps si considérable, nous avons à peine vécu trois mois en époux, et toujours avec des marques irrécusables d'aversion ou du moins d'éloignement ! Les trois mois furent partagés en trois époques, non-seulement fort courtes, mais encore séparées par plusieurs années entières.... „

La reine Hortense passait presque tout son temps à Paris. C'est pendant un de ces séjours dans la capitale que naquit son troisième fils (1), celui dont nous écrivons l'histoire.

Lorsque vinrent les derniers jours de l'Empire, le roi Louis, retiré en Italie, forma devant le tribunal civil de la Seine une demande en séparation. Le 19 janvier 1815, la Cour royale de Paris ordonnait par jugement que dans trois mois à dater de ce jour, le fils

(1) L'aîné, Napoléon-Charles, était mort en Hollande, en 1807, à l'âge de cinq ans. Napoléon Ier témoigna un vif dépit de cette perte.

aîné de l'ex-roi de Hollande serait remis à son père. Les Cent-Jours ne permirent pas à l'arrêt d'être exécuté ; ce ne fut que vers la fin de juillet, que Louis, fixé à Rome, réclama son fils, laissant le second à Hortense. Celle-ci, autorisée par les alliés à résider en Suisse, acheta, entre Schaffouse et Constance, sur la rive gauche du Rhin, le petit château d'Arenenberg. C'est là que prirent naissance la plupart des complots tramés contre la Restauration ; c'est à cette école que se forma le futur conspirateur de Strasbourg et de Boulogne.

Louis-Napoléon avait reçu ses premières leçons d'un vieillard dont il était l'idole, l'abbé Bertrand. Son éducation était loin d'être satisfaisante, si l'on en juge par ces fragments d'une lettre adressée par le roi Louis à la reine Hortense, le 15 juillet 1819. « .... L'indocilité, l'extrême bavardage, les pasquinades, surtout les mauvais lazzi dont il (Louis) a l'habitude... m'ont affligé. Quant à ses progrès, ses lettres actuelles sont plus mal écrites que celles d'il y a un an... »

Le second précepteur du jeune prince, Philippe Lebas, le fils du conventionnel, esprit érudit, épris de l'antiquité, se préoccupa surtout de son éducation littéraire, tandis que son successeur, M. Narcisse Vieillard, ancien officier d'artillerie, faisait étudier à son élève les sciences mathématiques, en même temps qu'il l'initiait´ aux premières études de l'artillerie. Louis-Napoléon avait suivi en outre pendant trois ans les cours du collége d'Augsbourg, où il avait appris l'allemand ; plus tard il apprit l'italien et pour obéir à la volonté maternelle se perfectionna dans les exercices du corps.

Hortense surveillait d'ailleurs de très-près l'éducation de son fils ; malgré la mort de l'empereur et l'isolement de Napoléon II, malgré la défaveur qui atteignait alors l'impérialisme, elle conservait, persistante et vivace, sa foi dans l'avenir. Son second fils, qui ne la quittait pas, était le confident naturel des rêves et des espoirs de l'ex-reine, qui ralliait autour d'elle une petite cour de fidèles tout prêts à chanter sur tous les tons la gloire et les louanges de la famille déchue. " Avec votre nom, vous serez toujours quelque chose.... disait la reine Hortense à son fils.... *Toujours l'oreille aux aguets, surveillez les occasions propices....* A tout événement, soyez prêt, jusqu'à ce que vous puissiez vous-même préparer les événements. „

En attendant ces événements ou ces occasions, Louis commençait l'étude des sciences politiques et sociales. Esprit accessible à toutes les chimères et à toutes les utopies, les problèmes sociaux les plus ardus faisaient l'objet de ses méditations. Cette disposition de jeunesse s'est d'ailleurs réfléchie dans ses écrits et ses discours, à ce point que l'avénement au pouvoir de l'auteur de l'*Extinction du paupérisme* et des *Idées napoléoniennes* parut à certains esprits plus enthousiastes que profonds, l'avénement du socialisme même.

Louis-Napoléon étudiait l'artillerie et le génie à l'école de Thune, dans le canton de Berne, lorsqu'éclata à Paris la révolution de juillet 1830. Nous trouvons à ce sujet, dans une lettre de lui récemment publiée (1), cette phrase significative: "... Je ne connaissais alors personne en France, et cependant, dès la première nouvelle, je me décidai à

(1) Gottlieben, 26 mai 1838. — *Papiers secrets brûlés dans l'incendie des Tuileries*, complément de toutes les éditions françaises et belges des *Papiers et correspondances de la famille impériale.* — Bruxelles, J. Rosez. 1 vol.

partir.. „ L'éducation d'Hortense portait déjà ses fruits, et, docile aux leçons maternelles, le futur César *" surveillait les occasions propices*. „ L'avénement de Louis-Philippe et le vote de la Chambre des députés, qui maintint le 2 septembre la loi de janvier 1816 qui bannissait les Bonaparte, vinrent brusquement lui démontrer que l'heure n'était pas encore venue. A propos de ces journées de 1830 et des aspirations de ses fils, la reine Hortense dit, dans les fragments de ses mémoires publiés sous ce titre : *La reine Hortense en Italie, en France et en Angleterre pendant l'année 1831* : "... Tous deux semblèrent renaître au bruit des événements de Paris. Quoique séparés (1), leurs impressions furent les mêmes: vifs regrets de n'avoir pas combattu avec les Parisiens, enthousiasme pour leur conduite héroïque, et légitime espoir de servir cette France qu'ils chérissaient tant. „

Tout espoir d'un mouvement bonapartiste en France paraissant impossible, Louis- Na-

____

(1) L'aîné, Napoléon-Louis, marié depuis 1827 avec sa cousine germaine, Charlotte, deuxième fille de Joseph Bonaparte, était en Italie, où il s'occupait de littérature, d'industrie, de sciences.

poléon partit rejoindre son frère en Italie où le parti libéral s'agitait. Il était à Rome depuis le 15 novembre 1830, et sa présence, ses allures excentriques (1) y causaient une certaine agitation, lorsque après la mort du pape Pie VIII, il fut expulsé par ordre du Sacré Collége et retourna à Florence auprès de son frère. Affiliés aux *carbonari*, à la société de la *Jeune Italie*, les fils d'Hortense furent bientôt mis en demeure de s'en souvenir et de tenir le serment qu'ils avaient prêté de combattre pour l'indépendance de l'Italie.

Une double insurrection éclata à Modène et à Bologne. Vainqueurs à Bologne, les patriotes chargèrent les deux frères d'agir dans la Romagne. Leur rôle fut des plus effacés, à la grande joie de leur mère qui, craignant pour eux quelque malencontreuse aventure, intriguait pour les faire revenir auprès d'elle, au moment où les Autrichiens, maîtres de la révolution, reprenaient Bologne et rétablissaient le duc de Modène. Une fatale nouvelle surprit l'ex-reine près d'Ancône :

____

(1) « Il se promenait à cheval, sous un uniforme de fantaisie, avec une chabraque tricolore. »
(A. Morel, Napoléon III.)

l'aîné de ses fils venait de mourir de la rougeole, à Forli (1) (17 mars 1831).

Le second, affaibli, ressentait les premières atteintes de la même maladie. C'est alors qu'Hortense déploya toutes les ressources de son esprit inventif pour le soustraire aux recherches des Autrichiens. Grâce à un passeport anglais et à une vigilance de tous les instants, elle parvint à quitter le territoire italien, passant par Ancône, Loreto, Macerata, Pise, Gênes et Nice. D'Ancône à Pise, Louis-Napoléon, triste, abattu, encore souffrant, fit le trajet sur le siége de la voiture, revêtu d'une livrée.

Une fois en France, l'ex-reine de Hollande conçut le projet audacieux de venir à Paris. Elle y eut une entrevue avec Louis-Philippe qui se montra assez bienveillant. Elle ne put obtenir toutefois l'autorisation pour son fils de servir dans les rangs de l'armée française ; des troubles qui éclatèrent à l'occasion de l'anniversaire de la mort de l'Empereur (5 mai), la forcèrent à hâter son départ pour l'Angleterre.

(1) *Notice biographique de S. A. le prince Napoléon-Louis Bonaparte*, par H. de Roccaserra. Corfou, 15 avril 1831.

Quittant bientôt ce dernier pays, la mère et le fils regagnèrent leur château d'Arenenberg en traversant la France, sans toutefois entrer à Paris. Ce voyage fut un véritable pèlerinage bonapartiste : Boulogne, Ermenonville, Saint-Denis, la Malmaison furent tour à tour pour la reine prétexte à évoquer les splendeurs du passé et à entretenir dans l'esprit de son fils l'ambition de le faire revivre.

A peu de temps de là, le jeune prince termina un travail intitulé : *Rêveries politiques*, plein d'incohérence, de contradictions, mais dans lequel néanmoins il est utile de citer certaines phrases caractéristiques :

« D'après les opinions que j'avance, on voit que *mes principes sont entièrement republicains...* »

Puis, plus loin : « Si dans mon projet de Constitution, *je préfère la forme monarchique*, c'est que je pense que ce gouvernement conviendrait plus à la France....

Son projet de Constitution reposait sur ces bases :

« Les trois pouvoirs de l'État seraient le Peuple, le Corps législatif et l'*Empereur*.

» Le Peuple aurait le pouvoir électif et de sanction.

» Le Corps législatif aurait le pouvoir délibératif.

» L'Empereur le pouvoir exécutif. »

Le 22 juillet 1832, le duc de Reichstadt, Napoléon II, s'éteignait à Vienne. Grâce à cette mort et à l'inertie de ses oncles, Joseph, Lucien et Jérôme, qui n'avaient pas l'étoffe de conspirateurs, Louis Napoléon se trouva être chef du parti bonapartiste militant, et comme tel, vit se grouper autour de lui les adeptes plus ou moins fervents de la religion napoléonienne. Peu après la publication d'un second écrit intitulé : *Considérations politiques et militaires sur la Suisse,* aussi diffus et obscur que le premier, il reçut du canton de Thurgovie le titre de citoyen, et l'année suivante, en 1834, il fut nommé capitaine d'artillerie à Berne.

C'est à cette période de la vie du prince que se rattache le début de sa liaison avec un jeune sous-officier de cavalerie réformé, M. Fialin de Persigny, qui, sans fortune, dévoré d'ambition, embrassa avec ardeur la cause bonapartiste. Actif, plein d'énergie, possédant à Paris des relations dans les diverses classes de la société, M. de Persigny n'eut pas de peine à convaincre le prince de ses droits à la couronne de France et de l'urgence d'une conspiration à l'effet de détrôner la famille d'Orléans.

De nouveaux courtisans, généralement peu favorisés de la fortune ou du sort, étaient tout prêts à aider l'hôte du château d'Arenenberg dans ses projets. C'était d'abord le commandant Parquin, propriétaire d'un château voisin de celui du prince, puis un jeune légitimiste de vingt-deux ans, M. de Gricourt, « perdu de mœurs, souvent gêné (1), » un lieutenant d'infanterie, accablé de dettes et autrefois légitimiste, M. de Quérelles, et enfin M. de Bruc, chef d'escadron en disponibilité, ancien gentilhomme de la chambre de Charles X, « d'une position de fortune embarrassée. »

Le 28 juillet 1835, la machine infernale du corse Fieschi, ancien soldat de l'armée de Murat, éclatait sur le passage du roi. Soit qu'il eût été prévenu par ses lieutenants qu'un complot se préparait contre la vie du roi, soit qu'il eût ajouté quelque foi

____

(1) *Procès de Strasbourg* : Acte d'accusation.

aux rumeurs qui circulaient à ce sujet depuis quelque temps, Louis-Napoléon s'était rapproché de la frontière. Cette fois, comme en 1830, son espoir fut déçu.

II.

Strasbourg et Boulogne.

Au commencement de l'année suivante, il publia à Zurich un nouveau volume sous ce titre : *Traité d'artillerie, à l'usage des officiers d'artillerie de la République helvétique.* Ce *Traité* « fut envoyé avec une affectation remarquable aux officiers supérieurs de la France, accompagné de lettres extrêmement flatteuses (1). »

Un auxiliaire inattendu, gagné par M. de Persigny, était venu renforcer la petite troupe des conspirateurs. Une cantatrice d'un talent médiocre et d'une assez grande beauté, veuve, Mme Eléonore Gordon, devint l'Egérie du bonapartisme. Elle

(1) *Procès de Strasbourg :* Réquisitoire.

parcourait la province sous le prétexte de donner des concerts, mais en réalité pour se livrer à une ardente propagande.

L'armée, on le conçoit aisément, était le principal objectif du prince. C'est là où, grâce au souvenir de son oncle, il espérait rencontrer le plus d'alliés. Aussi, sur presque tous les points de la France et particulièrement dans les places fortes de l'Est, les offipiers étaient-ils en butte à de perpétuelles obsessions. Le plus grand nombre résistait. A Strasbourg cependant, ville très-rapprochée de Bade, où Louis-Napoléon et sa mère passaient l'été, quelques officiers, entre autres le colonel du 4e régiment d'artillerie, M. Vaudrey, et un jeune lieutenant de pontonniers, M. Laity, se laissèrent gagner.

Des tentatives faites auprès du général Voirol et du général Exelmans, furent moins heureuses. Appuyés sur des officiers des grades inférieurs, le prince et ses complices crurent le moment venu de frapper un coup décisif. Le 28 octobre, à onze heures du soir, Louis Bonaparte entrait à Strasbourg.

La nuit du 29 au 30 vit les derniers préparatifs des conspirateurs dans une chambre louée par M. de Persigny. Le prince rédigea une proclamation *au peuple français,* une proclamation *à l'armée,* et une autre *aux habitants de Strasbourg.*

Le 30 octobre, à 6 heures du matin, le prince sortit entouré d'une douzaine de personnes (M. Parquin avait l'uniforme de général de brigade, M. de Quérelles portait un drapeau), et se dirigea vers le quartier d'artillerie où le colonel Vaudrey l'attendait avec son régiment. Après plusieurs discours aux soldats, le prince, accueilli par les cris de : *Vive l'Empereur ! Vive Napoléon II,* se dirigea vers la demeure du général Voirol, qu'il espérait rallier à sa cause. Le général demeura inflexible, et on dut se contenter de le retenir prisonnier chez lui. Après quoi les conjurés se dirigèrent vers la caserne d'infanterie, où se trouvait le 46e de ligne. Surpris de ce qui se passait, les soldats manifestèrent d'abord quelque hésitation, ne sachant quelle conduite tenir, mais ralliés par leurs officiers, malgré les menaces des artilleurs, ils s'emparèrent du prince et de ses complices (moins toutefois M. de Persigny, qui ne se trouvait pas là) et les enfermèrent provisoirement dans le corps de garde.

Dès que la nouvelle de l'échauffourée de Strasbourg lui parvint, la reine Hortense vint à Paris implorer pour son fils la clémence du roi. Il lui fut assuré qu'il ne courait aucun danger.

En effet, le 9 novembre, on l'amenait de Strasbourg à Paris, de là à Lorient, et le 21, muni de 16,000 fr. octroyés par le roi, il montait sur la frégate l'*Andromède* qui devait le conduire en Amérique. Il avait, à Paris, adressé une lettre à Louis-Philippe pour lui témoigner sa reconnaissance et solliciter l'indulgence pour ses amis arrêtés, qui furent acquittés par le jury. Peu de temps après son arrivée à New-York, en avril 1837, le prince fut informé que la reine Hortense était gravement malade; il se rembarqua aussitôt pour l'Europe et arriva à Arenenberg à temps pour voir mourir sa mère (5 octobre 1837).

Sa présence en Suisse alarma le gouvernement français qui demanda son expulsion, appuyant sa demande d'une concentration de troupes sur la frontière. S'en référant à l'élection de Louis-Napoléon comme citoyen de Thurgovie, la Diète se déclara décidée à repousser une telle exigence, par les armes.

s'il le fallait, à la condition toutefois que le prince « renonçât sans nulle réserve à ses prétentions à la qualité de Français. »

Ce n'était point l'affaire du prétendant, qui préféra partir pour l'Angleterre.

Malgré les railleries de la presse et du public français, les bonapartistes ne se tenaient pas pour battus, et pendant que leur chef paraissait avoir écarté toute pensée politique, ils fondaient à Paris clubs et journaux pour faire de la propagande, comptant bien profiter aussi du retour des cendres de Napoléon Ier, cette maladroite mesure du gouvernement de Louis-Philippe.

Le 6 août 1840, une étrange nouvelle vint surprendre Paris : Louis Bonaparte venait de débarquer à Boulogne. Il s'agissait cette fois d'une véritable expédition. Les conjurés, en plus grand nombre qu'à Strasbourg, et dont chacun avait un rôle nettement défini, étaient partis de Londres sur un vapeur loué à une compagnie maritime, emmenant avec eux de nombreux bagages parmi lesquels deux voitures et neuf chevaux, environ 400,000 francs en monnaie d'or et d'argent et en billets de la banque d'Angleterre, et chose étrange, *un aigle vivant*. Les chefs principaux, MM. Parquin, Vaudrey, de Montholon, de Quérelles, Laborde, Montauban, avaient revêtu des costumes d'officiers généraux ; le gros de la troupe portait l'uniforme de l'infanterie de ligne, avec les boutons du 40e régiment, en garnison près du lieu de débarquement. L'expédition aborda à Wimereux, près de Boulogne. Le poste de douaniers de la côte est fait prisonnier, puis la troupe armée se dirige sur Boulogne. Un jeune sous-lieutenant du 42e, Aladenize, gagné au complot, rassemble déjà ses hommes à la caserne, lorsque le prince s'y présente avec son escorte. Tout surpris, les soldats apprennent que Louis-Philippe est renversé. On leur distribue de l'argent, des proclamations, on leur fait des promesses d'avancement, tout cela au cri de : *Vive l'Empereur*. Bientôt arrivent quelques officiers, logés hors de la caserne. Mais laissons ici la parole à M. de Persigny, acteur dans cette lugubre farce qui pouvait tourner au drame : « Au moment où les troupes proclamaient le prince et reconnaissaient le drapeau, un officier du 42e, qui m'a paru animé d'intentions hostiles est entré au quartier.... J'avais un fusil à la main ; je me suis élancé sur lui, et, *au moment où j'allais le tuer*, le lieutenant Aladenize s'est élancé sur moi et a détourné le coup que j'allais porter. Un moment plus tard, le capitaine des grenadiers du 42e est arrivé, et un nouveau conflit est survenu. *J'aurais infailliblement tué le capitaine*, si M. Aladenize ne s'était jeté de nouveau entre le capitaine et moi, et ne m'avait retenu de la manière la plus énergique (1). »

L'aveu est dénué d'artifice, mais ici, le maître devait surpasser le valet. Ce capitaine était M. Col-Puygellier. Sourd à toutes les promesses qu'on fait miroiter à ses yeux, rebelle à toutes tentatives d'intimidation, il déclare au prince Louis qu'il le tient pour un vulgaire conspirateur. On veut l'empêcher d'arriver jusqu'à ses soldats. « Assassinez-moi, s'écrie-t-il, ou je ferai mon devoir. » Il parvient cependant jusqu'à eux, dégagé par ses sous-officiers. « Mais l'ennemi rentre à rangs serrés, Louis Bonaparte en tête. M. le capitaine Puygellier se porte

____

(1) Déclaration de M. de Persigny devant M. Petit, président de chambre à la Cour royale de Douai. (Taxile Delord, *Histoire du Second Empire*. Chez Germer-Baillière.).

vivement à sa rencontre, lui signifie de se retirer, ajoute qu'il va employer la force, et, pour toute réponse, lorsqu'il est retourné vers sa troupe, il entend la détonation d'un pistolet que Louis-Bonaparte tenait à la main, et dont la balle va frapper un des grenadiers à la figure (1). „

Battus sur ce point, sans toutefois être encore poursuivis, les conjurés se replièrent vers la ville, espérant soulever la population. Leurs efforts furent vains, et l'alarme s'étant répandue, ils durent regagner le rivage, poursuivis par la troupe et les gardes nationaux. Ils se dispersèrent dans tous les sens ; quelques-uns, parmi lesquels le prince, montèrent dans un canot, essayant de gagner le large. On tira sur eux, l'un des rebelles fut tué, un autre blessé et le canot chavira. Ceux qui le montaient essayèrent de gagner à la nage leur paquebot, mais ils furent pris sans avoir pu y parvenir. C'est ainsi qu'on ramena à Boulogne, après l'avoir repêché, tout transi et piteux, l'héritier des Bonaparte.

(1) Extrait du rapport lu par M. Persil devant la Cour des Pairs assemblée en Chambre de conseil, le 30 septembre.

Amenés à Paris, les prisonniers furent traduits, non pas devant la juridiction ordinaire, mais devant la Cour des Pairs, transformée en Haute-Cour de justice. Après des débats qui ne présentèrent pas un grand intérêt, Louis-Napoléon Bonaparte fut condamné " à l'emprisonnement perpétuel dans une forteresse située sur le territoire continental du royaume,,, peine non prévue par le Code pénal (1). Ses complices furent condamnés à diverses peines. Pour ce qui concernait M. de Persigny, condamné à vingt ans de détention, la Cour ne lui reconnut pas le droit de porter ce nom, et le jugement fut libellé contre M. Fialin, dit *de Persigny*. Le 6 août 1840, le prince partait pour la forteresse de Ham. En décembre, par un singulier contraste, le prince de Joinville ramenait à Paris les cendres de Napoléon 1er, qu'on conduisait triomphalement aux Invalides.

Pour occuper les loisirs de sa captivité, Louis-Napoléon entra en correspondance avec deux ou trois journaux des

(1) Un seul pair de France, M. d'Alton-Shée, vota pour la peine de mort.

départements, auxquels il envoya de nombreux articles, accueillis avec complaisance, et dans lesquels il eut bien soin d'aborder les problèmes les plus variés de la politique, de l'histoire et de l'économie sociale. C'est dans sa prison de Ham qu'il composa également le célèbre essai sur *l'Extinction du paupérisme*, qui lui rallia les suffrages des socialistes et dont la portée fut immense dans le peuple. « Il est naturel dans le malheur, lisait-on dans le préambule, de songer à ceux qui souffrent. „

Louis-Bonaparte cherchait maintenant son principal point d'appui dans le peuple, toujours prêt à croire sur parole tous ceux qui lui parlent d'améliorations sociales et lui font entrevoir un plus clément avenir.

Un prince, un prétendant, l'héritier du grand Napoléon, penché sur ces problèmes ardus du socialisme, préoccupé à ce point du sort des petits et des souffrants, c'était plus qu'il n'en fallait pour éblouir les masses, et même, disons-le à regret, un grand nombre d'esprits distingués et de républicains convaincus.

La captivité du prince était des moins rigoureuses; il recevait de fréquentes visites et entretenait une nombreuse correspondance avec ses amis du dehors. En 1845, il adressa au roi une demande de mise en liberté provisoire, à seule fin, disait-il, d'aller soigner son père devenu vieux et infirme. Après de longs pourparlers, la requête fut rejetée. C'est alors que Louis-Napoléon songea à s'évader, mettant à profit le peu de surveillance qu'on exerçait sur les personnes qui sortaient du château, dans lequel on exécutait quelques réparations. « Le 25 mai 1846, les ouvriers arrivent et subissent l'inspection accoutumée. Le prisonnier coupe ses moustaches, prend un poignard, passe une blouse et un gros pantalon sur ses vêtements ordinaires; un vieux tablier de toile bleue, une perruque noire à cheveux longs, une casquette, complètent son déguisement; il chausse des sabots, met une pipe de terre à sa bouche, et l'épaule chargé d'une planche, il se dirige vers la porte ; il la franchit heureusement, et bientôt le voilà sur la grande route, où son valet de chambre l'attend avec un cabriolet; deux jours après, M. Louis-Bonaparte était en Angleterre (1). „ Il ne

____

(1) Taxile Delord.— *Histoire du second Empire.*

s'empressa pas d'accourir auprès de son père, qui mourut le 25 juillet, à Florence, sans que son fils fût présent à ses derniers instants.

Le 22 février 1848, Louis-Bonaparte, mandé par ses amis, partit de Londres, à l'effet de passer en France. Une conspiration allait éclater pour renverser les d'Orléans, et l'on comptait sur le prestige de son nom pour entraîner l'armée.

Le 24 février, la révolution éclate, et les élus du peuple prennent le pouvoir en main. Le 25, le prince arrive à Paris, et adresse au gouvernement provisoire une lettre dans laquelle il annonce que : " sans autre ambition que celle de servir son pays, il vient se ranger sous le drapeau de la République. „

Le 26, à quatre heures du matin, un convoi spécial ramenait Louis-Bonaparte à Boulogne. Le conseil avait repoussé sa demande.

C'est pendant ce nouveau séjour à Londres que le futur Président s'enrôla dans les *constables spéciaux*, sorte de *policemen* volontaires appelés par le gouvernement pour s'opposer aux manifestations chartistes qui avaient alors une grande intensité.

III.

Louis Bonaparte représentant du peuple. — La Présidence. — Le coup d'État.

Pendant ce temps, les élections pour l'Assemblée nationale avaient lieu en France ; deux Bonaparte étaient élus, tandis qu'aucune voix ne se portait sur le prince exilé. La propagande en sa faveur ne s'était cependant pas interrompue et s'exerçait plus particulièrement dans les masses populaires, dans le petit commerce, qui souffre toujours des révolutions. Pour mieux servir le prince, quelques-uns de ses amis les plus dévoués paraissaient s'être ralliés franchement à la République.

Des élections complétementaires devaient avoir lieu en avril. Le prince de Joinville était porté par les royalistes. Poussé par ses amis à prendre part à la lutte, Louis-Bonaparte, d'une nature indécise et molle, hésite. Ses partisans se décident à poser sa candidature malgré lui. Tous les moyens sont mis en œuvre; le prince se résout enfin à sortir de sa réserve, et le 3 juin, il est élu député par la Seine, l'Yonne, la Charente-Inférieure et la Corse. Cette quadruple élection exalte le sentiment populaire à Paris, des manifestations se produisent autour de l'Assemblée, à laquelle la commission exécutive propose de maintenir la loi de bannissement contre Louis-Napoléon Bonaparte. Après une discussion qui dura plusieurs jours, le maintien de la loi fut repoussé aux deux tiers des voix, à la faveur des divisions qui régnaient dans l'Assemblée.

Le lendemain, le président communique aux représentants une lettre dans laquelle Louis Bonaparte donne sa démission, repoussant en termes hautains et qui excitent les clameurs des représentants, les soupçons dont il se dit l'objet, et déclarant : " Si le peuple m'imposait des devoirs, je sa urais les remplir. „

L'irritation de l'Assemblée, l'arrestation de M. de Persigny, décident le prétendant à écrire une seconde lettre dans laquelle, tout en maintenant sa démission, il proteste en termes plus mesurés, de l'excellence et de la pureté de ses intentions. Cette reculade désarme les représentants et la démission est acceptée, tandis que, enhardie par la faiblesse et l'indécision de l'Assemblée, la propagande bonapartiste va chaque jour recrutant de nouveaux adhérents.

L'organisation des ateliers nationaux ouvre un vaste champ à son audace. Les 107,000 ouvriers occupés dans ces ateliers sont l'objet de toutes les tendresses des feuilles bonapartistes qui les excitent hautement à l'insurrection. Le prétexte est bientôt trouvé. Les ouvriers des ateliers nationaux âgés de 18 à 20 ans sont tenus de partir pour exécuter des travaux en province ou d'entrer dans l'armée. La Commission nommée par l'Assemblée en a décidé ainsi afin de dégrever le trésor. Le 22 juin, les troublent commencent. Au chant de la *Marseillaise*, se mêlent les cris de : *Vive Napoléon !* Le lendemain, l'insurrection grandit, et la lutte s'engage acharnée. Quels sont ceux qui combattent derrière les barricades ? Nous laissons l'éloquent historien du second Empire, M. Taxile Delord, répondre à cette question. Ce sont : "…. les meneurs des rassemblements de la porte Saint-

Denis et du Palais-Bourbon, les lecteurs des
feuilles bonapartistes, les partisans et les
propagateurs de la proposition de proclamer
Louis-Bonaparte consul, les orateurs et les
auditeurs de ces clubs, où se débattent les
questions de l'égalité des salaires, de la
communauté des biens, de la suppression de
l'intérêt du capital; on y trouverait aussi
d'anciens combattants de la rue Transno-
nain, du cloître Saint-Méry et de la place du
Châtelet, des membres des sociétés secrètes,
des combattants de février....; bonapartisme,
socialisme, jacobinisme, ce qu'il y a surtout
derrière les barricades, c'est l'idée française,
la fatale utopie du progrès par la dictature. „

Parmi les assassins du général de Bréa
figuraient deux bonapartistes avoués, Lahr
et Luc (1).

(1) Nous trouvons dans une lettre du prince, datée de Gottlieben et publiée récemment, cette
phrase significative qui montre ses intentions :
«... La révolte de juin eut lieu et personne ne
tâcha de m'en faire profiter. *Moi seul, à la première nouvelle, partis pour la frontière ;* mais arrivé à Kehl, j'appris que tout était terminé. Pour
Lyon, *j'eus le même malheur,* faute d'amis qui
voulussent bien me prévenir ou me donner le
moindre renseignement : j'arrivai jusqu'à Genève,
mais, là encore, je n'appris qu'une défaite... „
(*Papiers secrets des Tuileries.*—Rosez, Bruxelles).

Le 24 juin, la Commission exécutive avait été contrainte de donner sa démission, et l'Assemblée avait confié la dictature au général Cavaignac. Vingt-quatre heures après, les insurgés, poussés dans leurs derniers retranchements, étaient vaincus, et Cavaignac confirmé dans ses pouvoirs sous le titre de chef du pouvoir exécutif.

De nouvelles élections partielles vont avoir lieu. Louis-Bonaparte accepte la candidature et est élu. En remerciant ses électeurs, il leur dit : " *La République démocratique sera l'objet de mon culte, j'en serai le prêtre.* „ Le 26 septembre 1848, il vient siéger à l'Assemblée, et le 16 octobre, la loi de 1832 qui bannissait la famille Bonaparte est abrogée.

Cependant, les élections à la présidence se préparent. Parmi les concurrents qu'on oppose au général Cavaignac, le plus sérieux est Louis-Bonaparte. Soutenu par la masse ignorante, fort de l'appui des conservateurs, il est élu Président de la République, le 10 décembre par 5,434,226 voix contre 1,448,107 données au général Cavaignac. Le 20 décembre, M. Waldeck-Rousseau donne lecture du rapport sur l'élection, le général

Cavaignac remet ses pouvoirs et le citoyen Louis-Bonaparte « est proclamé président de la République française, depuis ce jour jusqu'au deuxième dimanche du mois de mai 1852. »

Il prête alors serment de fidélité à la République et à la Constitution, déclarant qu'il « regarderait comme ennemis de la patrie tous ceux qui tenteraient, par des voies illégales, de changer la forme du gouvernement établi.... »

A peine installé au pouvoir, le premier soin de Louis-Bonaparte fut de choisir des ministres dévoués à sa religion, ou qui pussent, même à leur insu, servir ses plans cachés.

L'Assemblée nationale était un obstacle à l'omnipotence qu'il rêvait ; élue sous l'influence des idées républicaines, en pleine floraison après février 1848, elle devait, dans son esprit, disparaître pour faire place à une Chambre moins libérale. Une campagne fut habilement menée dans ce sens, et au commencement de 1849 l'Assemblée vota elle-même sa dissolution. Elle devait, avant de se séparer, assister à un triste spectacle, gros d'enseignement pour l'avenir : nous voulons parler de l'expédition romaine, entreprise pour donner satisfaction au parti clérical, dont le Président voulait se ménager l'appui. Il avait été bien entendu, et le cabinet l'avait déclaré solennellement, que notre corps d'armée respecterait la République romaine, et cependant le 7 mai, on apprenait que la lutte était engagée entre les patriotes romains et l'armée du général Oudinot.

Il y avait là violation flagrante de la Constitution ; la Chambre délibéra et invita le gouvernement à prendre les mesures nécessaires pour que l'expédition ne fût pas plus longtemps détournée de son but. Une proposition de M. Ledru-Rollin demandant la mise en accusation du Président et de son ministère, fut repoussée par l'Assemblée, qui passa à l'ordre du jour. Le 26 mai 1849, l'Assemblée terminait ses séances. Toutes les fractions du parti conservateur s'unirent alors pour diriger les élections qui allaient avoir lieu. Un comité constitué rue de Poitiers, inonda la France d'une pluie de pamphlets et de brochures réactionnaires. De telles manœuvres produisirent leur effet, et l'Assemblée législative, qui entra en séance le 28 mai 1849, comptait comme monarchistes au moins les deux tiers de ses membres.

L'attaque de Rome continuait, on faisait le siége de la ville. La protestation de Ledru-Rollin et de quelques autres députés de la Montagne fut inutile. Ils en appelèrent au peuple. Le mouvement échoua, ses chefs furent emprisonnés ou durent prendre le chemin de l'exil, et Paris fut mis en état de siége. Peu après, Rome fut prise et le pape Pie IX rentra triomphalement dans la ville éternelle, ramené au milieu de son peuple qui l'avait chassé, par les soldats de le République française.

Cette victoire ne suffisait pas au Présisident. On vit alors commencer l'*expédition de Rome à l'intérieur*. La réaction triomphante ne garda plus aucune mesure et courut sus aux républicains. Destitutions de fonctionnaires ou même de simples employés, procès de presse; arrestation des démocrates, sous prétexte de sociétés secrètes ; mise en état de siége d'un grand nombre de départements; destruction des arbres de la liberté: telles furent les mesures générales qui marquèrent l'avénement de la nouvelle Assemblée.

C'était dépasser le but ; aussi vit-on, et plus particulièrement en province, se produire un mouvement en sens opposé. Les élections partielles de mars et d'avril 1850 donnèrent la majorité aux candidats républicains, et tout faisait présager qu'aux élections générales de 1852, la lutte serait vive. C'était là ce que redoutaient les royalistes de l'Assemblée, d'accord avec le ministère ; aussi se hâtèrent-ils de mutiler le suffrage universel en imposant pour la capacité électorale trois années de résidence au lieu de six mois. La loi fut votée le 31 mai 1850; elle rayait trois millions d'électeurs dont la presque totalité appartenait au parti républicain.

L'accord n'était plus aussi complet cependant entre la majorité et le Président. Les journaux de l'Elysée ne cachaient pas leurs vues et les bruits de coup d'État circulaient avec persistance. Rien dans la conduite apparente de Louis-Napoléon n'avait pu faire naître de telles suppositions jusqu'à la prorogation de l'Assemblée (août 1850). La prince profita de ces vacances pour faire un voyage en France, et dans plusieurs discours qu'il prononça à cette occasion, il parut jeter le masque, et il fût facile de saisir des allusions discrètes à ce pouvoir suprême qu'il convoitait.

L'Assemblée reprit ses travaux le 12 novembre. Le message du Président, attendu avec une légitime impatience, vint surprendre tout le monde par sa fermeté et sa modération, et dissipa pour quelque temps les nuages qui obscurcissaient l'horizon politique.

Cette période de calme relatif devait être de courte durée. Le 8 janvier 1851, le général Changarnier, commandant en chef de l'armée de Paris, tout entier à la dévotion de l'Assemblée, était destitué de ses fonctions. C'était le prologue du coup d'État, dont l'échéance ne pouvait tarder, à en juger par l'impatience de la cohue des complices dont les ressources s'épuisaient et qui trouvaient bien lente à venir l'heure de la curée.

L'armée devait être le grand instrument du complot ; achetée dans ses rangs inférieurs, l'attitude de ses chefs principaux ne laissait pas que d'inquiéter les conspirateurs; c'est alors qu'on songea à remplacer les généraux notoirement hostiles, ou seulement indécis, par des officiers, qui, recevant du prince un avancement rapide, lui seraient tout dévoués et serviraient volontiers d'exécuteurs aux *basses-œuvres* qu'il méditait.

Dans le pays le désarroi grandissait. La partie crédule de la population voyait arriver avec effroi cette année 1852 qu'on lui représentait comme l'avénement de l'anarchie et le règne des partageux. L'Assemblée, divisée en factions de toutes sortes, oubliant les intérêts du pays, s'épuisait en querelles byzantines, en discussions formalistes, habilement poussée dans cette voie par le Président qui, à peu près certain du concours de l'armée et de celui du clergé, acquis à sa cause par l'expédition de Rome, voulait maintenant s'assurer celui des classes populaires, en faisant miroiter à leurs yeux le rétablissement du suffrage universel, en déconsidérant les représentants que la loi du 31 mai avait déjà rendus impopulaires, Dans un banquet donné à Dijon, il prononçait les paroles suivantes : "... Depuis trois ans, on a pu remarquer que j'ai toujours été secondé par l'Assemblée quand il s'est agi de combattre le désordre par des mesures de compression. *Mais lorsque j'ai voulu faire le bien, améliorer le sort des populations, elle m'a refusé ce concours...„* L'intention, cette fois, était manifeste, et il était facile de pressentir que les actes suivraient de près les paroles.

Aussi l'alarme était-elle grande au sein de l'Assemblée. Quelle ne fut pas sa surprise lorsque, à la reprise de ses travaux, le 4 novembre, elle entendit le prince renouveler ses chaleureuses protestations de l'année précédente, et proposer le rétablissement intégral du suffrage universel par l'abrogation de la loi du 31 mai.

Cette proposition, faiblement défendue par les ministres, fut repoussée, le 14 novembre, à une majorité de *six* voix.

Le 17, s'ouvrit la discussion sur l'importante proposition des questeurs, qui tendait à charger le président de la Chambre du soin de veiller à la sûreté intérieure et extérieure de l'Assemblée, l'autorisant à requérir la force armée à cet effet.

Les débats furent violents, passionnés. Malgré la logique du colonel Charras, plus de 150 républicains votèrent contre la proposition, qui fut repoussée par 488 voix contre 300.

Au cas où l'Assemblée eût maintenu son droit de disposer de la force militaire, tout était prêt pour la lutte, et les troupes n'attendaient qu'un signal.

Ce vote imprévu venait encore une fois reculer l'échéance; son influence fut fatale, car le 17 novembre au soir, l'Assemblée qui se tenait sur ses gardes, n'eût pas été surprise.

L'incident vidé, un calme relatif s'empara des esprits, et l'on crut pouvoir atteindre sans secousses l'élection de mai, tandis qu'au contraire l'approche de cette date rendait le coup d'État imminent. Les complices du Président le pressaient d'en finir. M. Magnan, commandant en chef l'armée de Paris, composée de 60,000 hommes de troupes dévouées, s'était assuré " le concours enthousiaste „ de vingt et un généraux. La police était dans la main de M. de Maupas, et le général de Lawœstine avait remplacé le général Perrot, démissionnaire, dans le commandement de la garde nationale.

Le dénoûment approchait; le Président, fataliste comme la plupart des esprits chimériques, avait choisi le 2 décembre, jour anniversaire de la bataille d'Austerlitz pour l'exécution de son sinistre projet.

Les dispositions furent prises dans la nuit du 1er au 2 décembre. Les Parisiens apprirent avec étonnement à leur réveil l'occupation militaire du palais de l'Assemblée et l'arrestation de soixante-dix citoyens capables par leur énergie de faire échec au complot, et parmi lesquels seize représentants, que la Constitution couvrait de son inviolabilité. Parmi les personnes arrêtées figuraient les généraux Cavaignac, Lamoricière, Changarnier, Bedeau, Leflô, le colonel Charras, MM. Thiers, Baze, Roger du Nord, etc. Des affiches apposées pendant la nuit annonçaient la dissolution de l'Assemblée et la convocation des électeurs du 14 au 21 décembre. Dans la soirée, deux cent trente-deux députés qui s'étaient réunis pour protester contre la violation de la Constitution, furent arrêtés et emprisonnés.

Le lendemain, 3 décembre, quelques députés républicains essayèrent de soulever le peuple et de lui faire prendre les armes. Leur voix trouva peu d'écho. Quelques barricades furent construites. C'est à l'une d'elles, dans le faubourg Saint-Antoine, que le représentant Baudin trouva la mort.

Dans la soirée du 3 décembre, l'agitation

grandit et les dispositions de la foule prirent un caractère d'hostilité marqué. C'est alors que Louis Bonaparte résolut de terrifier la population afin de briser toute résistance.

Le 4, à trois heures, alors que les boulevards, de la Chaussée d'Antin à la porte St-Denis, étaient remplis d'une foule compacte, les soldats, gorgés d'or et de vin, qui occupaient la chaussée, commencèrent sans provocation une fusillade terrible, en même temps qu'à l'aide du canon ils défonçaient quelques maisons.

Puis les barricades furent successivement enlevées et ceux qui les défendaient fusillés sur place. A neuf heures, tout était fini, l'ordre régnait à Paris. Les documents officiels parlèrent seulement de 380 victimes ; bien que la lumière ne soit pas encore faite sur ce point, on peut affirmer dès à présent que ce chiffre est de beaucoup au-dessous de la vérité.

Malgré les dépêches de Morny, annonçant dès le 2 décembre à la France le succès complet du coup d'Etat, il y eut environ dans le quart des départements et particulièrement dans le Midi, des protestations à main armée. La lutte ne fut pas de longue durée et la répression fut aussi impitoyable qu'à Paris.

IV.

L'Empire. — Premières années.

Le 5 décembre, un décret modifiait la dis-position contenue dans la proclamation du 2, au sujet du vote sur l'appel au peuple. Le vote sur le registre public était remplacé par le scrutin secret. Il eut lieu dans les jour-nées des 20 et 21 décembre, — sauf pour l'ar-mée, qui avait voté à registre ouvert peu de jours après le coup d'État, alors que la ter-reur bonapartiste régnait encore sur la nation, — et donna les chiffres suivants pour toute la France :

7,439,216 *oui*,

640,737 *non*.

et 36,880 bulletins nuls.

Il y eut environ 1,500,000 abstentions. A Paris, les votes s'étaient répartis ainsi :

132,981 *oui*,

80,691 *non*,

3,021 bulletins nuls; en-viron 75,000 abstentions.

Paris n'était pas dompté. Les votes

accordés à quelque autre candidat que le prince étaient annulés. La presse opposante avait été réduite au silence, et la distribution des bulletins négatifs poursuivie comme un délit. C'est ce qu'à l'Elysée on appelait la liberté du suffrage universel.

L'immoral résultat de ce scrutin qui, quinze jours après le crime, absolvait le meurtrier, fut présenté au Prince-Président par la Commission consultative chargée du recensement des votes. Après un discours de M. Baroche, Louis-Napoléon prit la parole et prononça un discours qui contenait les passages suivants :

» La France a répondu à l'appel loyal que je lui avais fait. Elle a compris que *je n'étais sorti de la légalité que pour rentrer dans le droit.* Plus de sept millions de suffrages *viennent de m'absoudre....* „

Le 1ᵉʳ janvier 1852, moins d'un mois après les massacres, le Président assistait à un *Te Deum* chanté à Notre-Dame, et pour la première fois le clergé entonnait le *Domine salvum fac Ludovicum Napoleònem.* Le matin même, un décret remplaçait le coq gaulois des drapeaux par l'aigle, et un autre décret annonçait que le palais des Tuileries devenait la demeure du Président.

Le 14 janvier, la nouvelle Constitution est promulguée.

Son article 1er « reconnaît, confirme et garantit les grands principes proclamés en 1789 (1) et qui sont la base du droit public français. » Le Président de la République, nommé pour dix ans, concentre tous les pouvoirs. Il commande les forces de terre et de mer et fait les traités. La justice se rend en son nom; l'initiative, la sanction, la promulgation des lois et le droit de grâce lui appartiennent; les fonctionnaires prêtent serment entre ses mains. Le Corps législatif perd ses droits d'initiative et d'interpellation; il discute seulement sur les questions qui lui sont soumises, et le Sénat peut s'opposer à la promulgation des lois qu'il a adoptées. Le Président, il est vrai, est responsable devant le peuple

(1) En dépit de cette solennelle affirmation inscrite au fronton de la Constitution, l'Empire a été la négation même de ces principes : liberté individuelle, inviolabilité du domicile, secret des correspondances, liberté des cultes, égalité civile, droit de réunion, liberté de la presse, etc.

français, mais il reste seul juge des actes qu'il doit soumettre à l'appréciation du peuple. En cas de mort, et aux termes de l'article 17, « le chef de l'État a le droit, par un acte secret, de désigner au peuple le nom du citoyen qu'il recommande, dans l'intérêt de la France, à la confiance du peuple et à ses suffrages. »

De là à l'hérédité, la distance est facile à franchir ; avec une telle Constitution, l'Empire est fait.

Le *Moniteur* du 22 janvier, en même temps qu'il enregistrait la création d'un ministère de la police (Maupas), publiait le fameux décret sur les biens de la famille d'Orléans.

Les membres de cette famille et leurs descendants étaient privés du droit de posséder aucuns biens meubles et immeubles sur le territoire français ; de plus, ils avaient un an pour vendre tous ceux qu'ils possédaient en France. Passé ce délai, les biens étaient confisqués, et le produit de leur vente partagé entre diverses créations de l'État

Cette mesure inique, qu'on a si justement appelée *le premier vol de l'aigle,* causa une vive émotion dans la bourgeoisie, et rencontra de l'opposition jusque dans les hauts fonctionnaires dont plusieurs donnèrent leur démission.

Le 28 mars 1852, l'état de siége était levé partout, et le 29, la vacance des Pouvoirs législatifs était close par l'ouverture de la session du Sénat, sous la présidence de Jérôme Bonaparte, oncle du Président.

Bientôt eurent lieu les élections pour le Corps législatif : 201 députés à élire pour six ans. Le système des candidatures officielles fut appliqué avec ensemble, et trois candidats républicains seulement furent élus, MM. Cavaignac, Carnot et Hénon, les deux premiers à Paris, le troisième à Lyon ; ils refusèrent de siéger.

Dans la séance d'installation des grands Corps de l'État, le 29 mars, le prince prononça un discours dans lequel il repoussa très-loin l'idée qu'on lui prêtait de vouloir proclamer l'Empire, déclarant que la chose lui eût été facile, si tel avait été son bon plaisir : " les moyens ni les occasions ne lui ayant pas manqué. „

La discussion générale du budget ne dura qu'une séance, et le budget fut adopté à l'unanimité moins une voix, tant était grande la servilité de cette première Chambre. Le 28 juin, la session était close.

En octobre, le prince visita une partie de la France, et fut assez bien accueilli par la population, satisfaite de ses déclarations pacifiques. A Bordeaux, dans un discours resté célèbre, il affirma plus nettement sa pensée :

« L'Empire, c'est la paix ! dit-il. C'est la paix, car la France la désire, et lorsque la France est satisfaite, le monde est tranquille... Malheur à celui qui donnerait en Europe le signal d'une collision !... »

Le retour fut une longue ovation. Avide de tranquillité et de quiétude, la majorité de la population s'était laissé charmer par ces fallacieuses promesses. La rentrée à Paris prit les proportions d'une solennité. Les courtisans, cette fois, jetèrent le masque et le cri de : « Vive l'Empereur ! » retentit, poussé par les Corps constitués. Les députations se succédèrent, priant le prince « de céder aux vœux d'un peuple tout entier... et de reprendre la couronne de l'immortel fondateur de sa dynastie. »

Le prince *céda*, et la note suivante fut insérée au *Moniteur* :

« La manifestation éclatante qui se produit dans toute la France en faveur du rétablissement de l'Empire impose le devoir au Président de consulter à ce sujet le Sénat. „

Le Sénat, consulté, promulgue le 7 novembre, un sénatus-consulte changeant la forme de gouvernement, et sur lequel le peuple est appelé à voter. Le recensement général des votes donna :

7,824,129 *oui*,

253,149 *non*,

et 63,126 bulletins nuls.

Le Corps législatif déclara alors que le peuple français, régulièrement consulté, avait accepté le plébiscite suivant :

« Le peuple français veut le rétablissement de la dignité impériale dans la personne de Louis-Napoléon Bonaparte, avec hérédité dans sa descendance directe, légitime ou adoptive, et lui donne le droit de régler l'ordre de succession ainsi qu'il est dit dans le sénatus-consulte du 7 novembre 1852. „

Le 1er décembre 1852, à huit heures du soir, un an après le coup d'Etat, les sénateurs portèrent au président, qui se trouvait au château de Saint-Cloud, le sénatus-consulte qui le proclamait Empereur.

Le lendemain, le nouvel Empereur entrait aux Tuileries. Le rêve du conspirateur s'était réalisé : la France lui appartenait ; l'Empire était fait.

Le nouveau gouvernement ne tarda pas à être reconnu d'abord par l'Angleterre, puis par les diverses puissances de l'Europe. Des difficultés survenues à l'occasion des Lieux-Saints, où les moines grecs et latins se disputaient quelques priviléges, retardèrent pendant quelque temps l'adhésion de la Russie, encore le czar Nicolas, écrivant au souverain de fraîche date, marqua le peu de respect qu'il lui inspirait en se servant à son égard de la formule " bon ami " au lieu de celle " cousin et frère. "

L'Empereur songea bientôt à se marier. Parvenu de trop fraîche date, il se vit refuser la main de plusieurs princesses de l'Europe ; c'est alors qu'il jeta son dévolu sur une jeune Espagnole, mademoiselle Eugénie de Montijo, dont le séjour à Paris faisait grand bruit. Vers la fin du mois de janvier le *Moniteur* publia une note, annonçant cette union.

« Un événement heureux, destiné à consolider le gouvernement de Sa Majesté Im-

périale et à assurer l'avenir de la dynastie,
est sur le point de s'accomplir : l'Empereur
épouse mademoiselle de Montijo, comtesse
de Téba. Ce mariage doit être annoncé officiellement aux grands Corps de l'État samedi
prochain, 22. La célébration aura lieu le
samedi suivant 29. Mademoiselle de Montijo, d'une très-grande famille de l'Espagne,
est sœur de la duchesse d'Albe. Elle est aussi
distinguée par la supériorité de son esprit,
que par les charmes d'une beauté accomplie.»

Le mariage eut lieu dans la soirée du 29 janvier, au palais des Tuileries, et la bénédic-
tion nuptiale fut donnée aux époux le lendemain, dans l'église de Notre-Dame, avec
une grande pompe et au milieu d'une grande
affluence de curieux. La cour fut alors re-
constituée avec toute la splendeur qu'elle
avait sous le premier Empire; l'étiquette et
le cérémonial furent soigneusement réglés,
les anciennes charges rétablies, et des fêtes
somptueuses furent données aux Tuileries.
Lors de la séance d'inauguration des grands
Corps de l'État, dans laquelle les princes et
les princesses de la famille impériale pa-
rurent avec le rang que leur assignait leur
degré de parenté, l'Empereur lut un discours

dans lequel il annonçait, pour calmer les inquiétudes de l'Europe, une diminution dans l'effectif de l'armée et qui contenait cette phrase demeurée célèbre : " A ceux qui regretteraient qu'une part plus large n'ait pas été faite à la liberté, je répondrais : « La liberté n'a jamais aidé à fonder d'édifice politique durable; elle le couronne quand le temps l'a consolidé. „

Cette session du Corps législatif ne présenta qu'un médiocre intérêt; obéissant aveuglément à une consigne, les députés votaient des lois toutes faites, et c'est à peine si de temps à autre, une voix opposante (celle de M. de Montalembert par exemple), venait jeter sa note discordante dans ce concert unanime.

La seconde session s'ouvrit le 2 mars 1854, au moment où les démêlés entre la Russie et la Turquie entraient dans une phase irritante. Après avoir exposé dans son discours les mesures prises pour suppléer à l'insuffisance des récoltes, l'empereur annonçait que, de concert avec l'Angleterre, il allait déclarer la guerre à la Russie, " uniquement pour résister à des empiétements dangereux. „

La fameuse déclaration : L'Empire c'est la paix, recevait ainsi un prompt démenti, mais cela importait peu au continuateur de la politique napoléonienne.

«... Ce que le nouvel empereur et ses associés désiraient, et ce dont ils avaient réellement besoin, c'était de jeter la France dans un conflit soit diplomatique, soit guerrier, qui frappât les yeux à tout hasard, dans le but d'écarter les périls intérieurs et de procurer à l'édifice du 2 décembre quelque chose qui ressemblât à une position et à une célébrité en Europe. » (1)

Les troupes alliées, sous les ordres du maréchal Saint-Arnaud et de lord Raglan, débarquèrent au Pirée le 25 mai 1854, pendant que les deux flottes réunies croisaient dans la Baltique. Elles attaquaient bientôt Bomarsund et le 15 août s'emparaient de cette citadelle. Le plan de la campagne était indécis, on cherchait le point vulnérable du colosse russe. Pendant ce temps, nos troupes campées à Varna étaient décimées par le choléra qui allait toujours en augmentant d'intensité, enlevant chaque jour des

____

(1) W. Kinglake. *L'Invasion de la Crimée.*

centaines d'hommes. L'armée murmurait, irritée de son inaction. C'est alors qu'après une expédition à travers les marécages de la Dobrutscha, dans laquelle la colonne décimée par le choléra et les fièvres, dût battre en retraite sans avoir rencontré un seul ennemi, l'expédition de Crimée fut résolue. Les généraux en chef reçurent des instructions secrètes leur ordonnant de débarquer en Crimée et de mettre le siége devant Sébastopol.

Ils obéirent et bientôt les troupes débarquèrent dans la vallée de Katcha. Les forces françaises s'élevaient à 30,000 hommes ; les Anglais en comptaient 27,000 et les Turcs, 7,000. Les Russes, retirés derrière la rivière de l'Alma, s'étaient fortifiés dans leurs positions ; ils en furent débusqués le 20 septembre, après une lutte assez vive. Le 29 septembre, le maréchal Saint-Arnaud était emporté par le choléra, et le général Canrobert son successeur, commençait le siége régulier de Sébastopol. Le 17 octobre, les batteries et la flotte lançaient les premiers obus sur la ville. Le 25 octobre, les Russes enlèvent la redoute de Balaklava et menacent la ligne de retraite des Anglais ; le 5 novembre, après avoir concentré un grand nombre de troupes, ils attaquent les Anglais. Ceux-ci, fermes à leur poste, se laissent écraser sans lâcher pied, lorsque les Français viennent les dégager et refoulent l'armée russe à laquelle ils infligent une cruelle défaite.

Cette victoire n'amena aucun changement sensible dans la situation ; les travaux du siége continuèrent malgré la rigueur du froid et les souffrances de nos soldats.

En France, les préoccupations de la guerre n'empêchaient pas les préparatifs d'une exposition universelle qui devait avoir lieu à Paris.

Napoléon III entreprit à cette époque un voyage en Angleterre ; il reçut un excellent accueil des Anglais, gens pratiques et qui professent la religion du fait accompli. Ils se souvenaient d'ailleurs que le souverain avait été autrefois leur hôte et ne cachaient pas l'admiration que leur inspirait le chemin parcouru si rapidement par l'ex-constable volontaire. La reine remit elle-même à son visiteur l'ordre de la Jarretière, et il reçut des mains du lord-maire le diplôme de bourgeois de Londres.

Peu après s'ouvrit, dans un palais bâti à

cct effet aux Champs-Élysées, l'exposition universelle de l'industrie et des arts, qui devait attirer un grand nombre de visiteurs, parmi lesquels, entre autres têtes couronnées, la reine Victoria, accompagnée du prince Albert, son époux, et le roi de Piémont, Victor-Emmanuel (1). Le discours d'ouverture, attendu avec impatience, fut muet sur les opérations militaires. Le siége de Sébastopol traînait en longueur, et rien n'en faisait prévoir la fin prochaine. Le bombardement, repris en avril, n'avait pas produit de résultats appréciables.

Le général Canrobert fut bientôt remplacé dans le commandement en chef par le général Pélissier, gouverneur de l'Algérie, en même temps que le général Niel, un des officiers supérieurs les plus instruits et les plus intelligents de l'armée, imprimait une impulsion sérieuse aux travaux du génie et de l'artillerie. Après un sanglant combat livré sur la Tchernaïa, une attaque fut dé-

(1) M. de Cavour avait accompagné le roi. Il sollicita vivement le *carbonaro* devenu empereur de contribuer à l'affranchissement de l'Italie, qui venait de verser son sang à côté de la France, mais n'obtint qu'une vague réponse.

cidée sur les ouvrages qui protégeaient Malakoff, la clef de Sébastopol. Elle fut couronnée de succès, et c'est alors qu'on résolut de tenter un assaut décisif, le 18 juin. Une manœuvre précipitée le fit échouer, et nous dûmes nous replier avec une perte de 2,000 hommes.

Le 16 août, le général Gortschakoff, qui a remplacé Mentschikoff, opère un mouvement offensif sur la Tchernaïa ; il est repoussé par l'armée sarde, aidée de deux divisions françaises.

Enfin, le 8 septembre, à midi, l'assaut général est donné et nos troupes s'emparent de Malakoff, dont la possession nous rend maîtres de Sébastopol. Sébastopol pris, la Russie continuera-t-elle la guerre ? L'Europe ne le désirait pas ; des négociations s'entamaient dans le sens de la paix, et le 2 décembre 1855, une partie des troupes de Crimée faisaient leur entrée triomphale à Paris, acclamées par la population, émue de leurs souffrances et de leur résignation pendant cette terrible campagne.

Malgré les bruits de paix qui couraient, l'attitude de la Russie ne laissait pas que d'être belliqueuse. Il ne fallut rien moins que le discours pacifique que prononça l'Empereur à la clôture de l'Exposition, et dans lequel il fit appel à une pression de l'opinion publique en faveur de la paix, pour rassurer la nation.

Les négociations entreprises par les puissances neutres traînaient en longueur, des obstacles nouveaux en retardaient à chaque pas la solution, lorsque, le 16 janvier 1856, le czar fit connaître officiellement qu'il acceptait la paix. Dans quelles conditions? c'est ce que devait décider un congrès qui se réunit à Paris, le 21 février, sous la présidence de M. Walewski, et dont le premier soin fut de faire accepter aux parties belligérantes un armistice qui devait cesser le 31 mars.

Le 3 mars, l'Empereur en ouvrant la session législative, annonça que les délibérations du congrès faisaient dès à présent prévoir la paix.

Elle fut en effet signée le 26 août. Cette campagne coûtait à la France 75,000 morts, au dire des pièces officielles : mais le neveu avait vengé l'oncle ; Sébastopol répondait à demi à Moscou.

Pendant les négociations, le 16 mars,

l'Impératrice accouchait d'un fils. M. de Morny annonçait sa venue en ces termes au Corps législatif, qui s'était déclaré en permanence : " Ce matin, à trois heures, Sa Majesté l'Impératrice est accouchée d'un prince impérial. En cette circonstance, je suis sûr que vous participerez tous à la joie de la France entière. „

L'enfant fut baptisé sous le titre de Fils de France, et le 18 mars, le chef de l'État reçut les félicitations des grands Corps de l'État, qui, désireux de donner un gage nouveau de leur servilité et de leur platitude, vinrent saluer dans son berceau ce prince de deux jours, déjà orné du grand-cordon de la Légion d'honneur.

Cette naissance fut célébrée avec grande pompe ; des réjouissances, accompagnées de secours, de distributions de croix, etc., eurent lieu par toute la France et vinrent apporter encore plus d'éclat factice et bruyant au régime impérial alors dans toute sa splendeur.

Le peuple, oublieux des libertés perdues, subissait en silence le joug doré qui le maintenait courbé et sans volonté. Il se consolait de sa déchéance morale en se jetant à corps perdu dans la fièvre des spéculations et des plaisirs. *Panem et circenses,* semblait être devnu le mot d'ordre de cette nation affolée, grisée, en proie à des appétits insatiables, en quête de jouissances toujours nouvelles. Paris, que le nouveau préfet de la Seine, M. Haussmann, commençait à transformer, devint la capitale du monde viveur et blasé; boursiers et courtisanes y tenaient avec insolence le haut du pavé et faisaient les honneurs de la *nouvelle Babylone* aux désœuvrés de toutes les nations qui s'y donnaient rendez-vous, avides de prendre part à la saturnale impériale.

Avant de poursuivre ce récit, il est indispensable de faire un retour en arrière et de signaler la lutte sourde qui, après le 4 décembre s'engagea contre le vainqueur, ainsi que les divers attentats dont il fut l'objet. Parmi les républicains réfugiés en Angleterre, trois comités de propagande anti-bonapartiste s'étaient formés, deux à Londres et le troisième à Jersey. Lors du scrutin plébicistaire qui devait amener l'Empire, ces comités publièrent de virulents manifestes pour engager les républicains à ne pas voter.

L'agitation anti-bonapartiste ne devait

pas se borner à ces démonstrations platoniques. Des conspirateurs, au nombre de 15, parmi lesquels des femmes, furent arrêtés rue de la Reine-Blanche, près des Gobelins, au moment où il se livraient à la fabrication d'engins de destruction. Peu après, alors que le Président allait commencer son voyage dans le Midi, le préfet de police de Marseille fit grand bruit de la découverte d'une machine infernale fabriquée par les membres d'une société secrète dite des *Invisibles*. C'était une première édition du fameux complot des bombes, que nous devions voir apparaître à la fin de l'Empire, peu de temps avant le plébiciste, pour stimuler l'ardeur des indifférents. Cette fois, comme plus tard, la manœuvre réussit : l'empire proclamé, l'affaire fut abandonnée.

Le 22 juillet 1853, vingt et une personnes, arrêtées pour des causes diverses, furent poursuivies comme émissaires de la *Commune révolutionnaire* de Londres. M. Jules Favre, qui défendait deux des accusés, fit entendre aux juges bonapartistes, tout dévoués à la cause du maître, de viriles paroles, en réponse au réquisitoire ardent, passionné de l'avocat impérial.

Les accusés furent tous condamnés à divers temps d'emprisonnement. Avant ce procès, trois sociétés secrètes qui s'étaient réunies : le *Cordon sanitaire*, les *Consuls du peuple*, et les *Deux cents* (cette dernière composée d'étudiants), avaient formé le projet d'enlever l'Empereur à l'Hippodrome, puis à la Société d'Horticulture. Les précautions prises par la police, qui avait l'éveil, firent échouer la première de ces tentatives (7 juin); la seconde fut empêchée par l'arrestation des deux chefs principaux du complot. Malgré cet obstacle, une nouvelle tentative fut organisée pour le 6 juillet 1853, jour où l'Empereur devait se rendre à l'Opéra-Comique. Elle échoua comme les autres, quelques-uns des conspirateurs ayant été saisis avant l'exécution du plan. Vingt-sept personnes comparurent devant la cour d'assises sous la prévention de complot ayant pour but: 1° de commettre un attentat contre la vie de l'Empereur ; 2° de détruire ou changer le gouvernement. Six des accusés furent acquittés, sept furent condamnés à la déportation et les autres à diverses peines. A peine cette affaire était-elle terminée que le défenseur de l'un des accusés était arrêté et poursuivi comme chef d'une société secrète composée de 46 prévenus, parmi lesquels les accusés du procès qui venait de finir. Il n'y eut que quatre acquittements dans cette seconde affaire, dont on profita pour entretenir l'effroi de la population et pour légitimer de nouvelles arrestations de républicains.

Le 29 avril 1855, un Italien du nom de Pianori s'approcha de l'Empereur, qui montait à cheval les Champs-Élysées, et lui tira un coup de pistolet sans l'atteindre. Immédiatement arrêté, il déclara avoir voulu venger la République romaine.

Pianori, couvert du voile noir des parricides fut exécuté le 14 mai ; en montant sur l'échafaud, il cria à deux reprises : Vive la République (1).

Peu après, une nouvelle tentative eut lieu aux abords du Théâtre Italien. Un ouvrier nommé Bellemare, tira un coup de

____

(1) Vers la fin de 1853, la police s'était emparée, dans un cabaret de Montrouge, de deux Italiens et d'un Français, signalés comme venant de Londres avec des intentions coupables. Il y avait eu lutte et les conspirateurs avaient été blessés. Ils furent transportés à Cayenne sans jugement.

pistolet dans une des voitures de la Cour sans blesser personne. Il fut enfermé comme fou à Bicêtre, où du reste il avait déjà séjourné. Point n'est besoin d'ajouter qu'il y eut là prétexte à de nouvelles arrestations de républicains.

En août 1855, dans la nuit du 26 au 27, cinq à six cents ouvriers des ardoisières de Maine-et-Loire, après s'être emparés d'une caserne de gendarmerie, avaient essayé de surprendre la ville d'Angers. Dispersés par la force armée et faits prisonniers pour a plupart, ils avaient déclaré appartenir à *la Marianne.* C'était une société secrète qui, ralliant les membres des deux associations le *Sud-Est* et la *Montagne,* fondées sous la République, comptait des affiliés dans toute la France. Angers fut occupé militairement et toutes les armes déposées entre les mains de l'autorité.

La Marianne servit encore de prétexte à de nombreuses arrestations dans les premiers mois de 1856, sans que pour cela les conspirateurs fussent effrayés. En juillet 1857, la saisie de plusieurs lettres de Mazzini amena l'arrestation d'un ouvrier opticien, Tibaldi, et de deux Italiens venus de Londres. Sur une très-vague déposition de ces derniers, Ledru-Rollin et Mazzini furent compris dans l'accusation et condamnés par contumace à la déportation. Tibaldi fut transporté à Cayenne.

Le 29 mai 1857, le *Moniteur* enregistrait le décret de dissolution du Corps législatif, dont le mandat était terminé, et le décret qui fixait les élections au 21 juin. Malgré l'intimidation et la pression exercées par le gouvernement sur les électeurs, l'opposition républicaine l'emporta à Paris dans 5 circonscriptions, où furent élus MM. Carnot, Goudchaux, Cavaignac, Ollivier et Darimon; deux autres candidats opposants furent élus, M. Hénon, à Lyon, et M. Curé, à Bordeaux. Peu après les élections, le 15 juillet, un patriote et un homme de bien, Béranger, s'éteignait à Paris, et sa mort prenait les proportions d'un deuil public (1). L'Empe-

(1) Il est de mode parmi les générations nouvelles de ne point pardonner à Béranger d'avoir chanté le premier Empire. On oublie volontiers que sa muse a surtout célébré « les habits bleus par la victoire usés » des simples soldats, et non pas le tyran qui tenait la France asservie. Ne pourrait-on, d'ailleurs, dire à sa décharge que son erreur, — erreur désintéressée, s'il en fût, — était celle de la plupart des libéraux de son temps ?

reur, dont il avait toujours repoussé les avances, lui fit faire de magnifiques funérailles, croyant donner le change à l'opinion publique et acquérir ainsi le droit de porter à l'actif de son règne cette gloire populaire. Le peuple ne se méprit pas sur le véritable sens de cette flétrissure posthume : il y répondit comme il convenait en désertant ses ateliers, le jour des obsèques, et en se portant en foule, l'immortelle à la boutonnière, sur le passage du cortége qu'accompagnaient les sergents de ville, les soldats et les courtisans.

Après un court voyage en Angleterre, suivi de l'inauguration du nouveau Louvre, Napoléon III eut une entrevue à Stuttgard avec l'empereur de Russie. C'est alors que la mort enleva un des adversaires qu'il redoutait le plus : nous voulons parler du général Cavaignac, frappé subitement dans sa retraite et qui fut enterré à Paris, à côté de son frère Godefroy. Tous les républicains tinrent à honneur de suivre son convoi, et Paris salua non sans émotion le cercueil du grand citoyen fidèle à la foi jurée. Cavaignac dut subir comme Béranger les regrets insultants des journaux d'antichambre. Le *Con-*

stitutionnel eut l'impudeur d'accoler à son nom sans tache ceux des Saint-Arnaud et des Canrobert.

A l'ouverture de la session législative, deux des députés de l'opposition, MM. Carnot et Goudchaux, refusèrent de prêter serment.

Le 14 janvier 1858, un nouvel attentat plus sérieux que les précédents, faillit réussir. Au moment où l'Empereur et l'Impératrice arrivaient devant l'Opéra, des bombes fulminantes lancées sous les voitures éclataient et atteignaient 141 personnes, sans que l'Empereur reçût autre chose qu'une égratignure. Le complot avait été formé par quatre Italiens; l'un d'eux, Pieri, signalé à la police, avait été arrêté vingt minutes avant l'arrivée de la cour. Les trois autres, Orsini, de Rudio et Gomez, ne tardèrent pas à être arrêtés, et les quatre accusés furent traduits devant la Cour d'assises. Malgré le grand nombre de victimes innocentes, Orsini, le chef de la conspiration, attirait, par sa situation particulière, sinon l'indulgence, au moins la pitié de la foule. Fils d'un patriote italien exilé à la suite d'une insurrection, Orsini avait juré de consacrer sa vie à la délivrance de sa patrie, et avait pris part à tous les complots formés dans ce but. Condamné d'abord à la prison, puis aux galères à perpétuité, plus tard amnistié, membre de la Constituante romaine, emprisonné de nouveau dans la citadelle de Mantoue, il s'était évadé au prix des plus grands dangers. Réfugié à Londres, et considérant Napoléon III, son ancien frère en carbonarisme, comme le principal obstacle à l'affranchissement de l'Italie, c'est alors qu'il avait résolu sa mort. Nous venons de voir que sa tentative avait échoué.

Les débats de cette importante affaire, qui passionnait l'opinion publique, s'ouvrirent le 25 février, sous la présidence de M. Delangle, assisté de M. Chaix-d'Est-Ange comme procureur général. La défense d'Orsini fut présentée par M. Jules Favre, qui déploya dans cette tâche délicate toute son éloquence et toute son énergie, ne voulant pas, ainsi qu'il l'a dit : "... pour glorifier l'accusé, mais pour essayer de faire luire sur son âme immortelle un rayon de cette vérité qui peut protéger sa mémoire contre des accusations imméritées... ,, Le 26 février, la Cour rendit un arrêt condamnant à la peine de mort Orsini, Pieri et de Rudio. De sa prison,

Orsini adressa deux lettres à l'Empereur, le suppliant de délivrer sa patrie, et demandant grâce de la vie pour ses complices.

Orsini, malgré sa répugnance, s'était décidé à signer son pourvoi en cassation qui fut rejeté. C'est alors que M. Jules Favre écrivit à l'Empereur, pour lui demander la grâce de son client, une lettre qui resta sans réponse. Le bruit se répandit néanmoins que Napoléon III avait offert à Orsini de le faire évader, et que celui-ci avait refusé. L'exécution eut lieu le 13 mars, au milieu d'un grand appareil militaire et d'une foule considérable (environ 50,000 personnes). Les deux condamnés (Rudio avait vu sa peine commuée) gravirent l'échafaud piedsnus, la tête couverte d'un voile noir. En se livrant au bourreau, Orsini poussa le cri de : « Vive la France! » Instinctivement la foule se découvrit devant ce patriote fanatique, coupable d'aimer son pays jusqu'au point de s'être servi du crime pour hâter sa délivrance.

Bien que les débats de cette affaire eussent prouvé que le complot était l'œuvre d'étrangers, l'occasion était trop belle d'exhumer le spectre rouge et d'arrêter quelques démocrates, pour que l'Empereur la laissât échapper.

Les journaux officieux, non contents d'exciter le gouvernement à prendre contre les républicains les mesures les plus arbitraires, tenaient contre l'Angleterre un langage des plus violents. Des colonels de l'armée émettaient dans une adresse le désir d'une guerre avec la Grande-Bretagne. Le 20 janvier, M. de Persigny, ambassadeur de France à Londres, communiquait à lord Palmerston une dépêche menaçante de M. Walewski, qui réclamait des garanties contre les menées des réfugiés de Londres. Lord Palmerston proposa à la Chambre un bill qui modifiait la législation anglaise dans ce sens, mais le bill fut rejeté à la deuxième lecture, et le cabinet Palmerston dut se retirer devant le blâme unanime que lui valut son attitude molle et indécise en présence des impérieuses exigences formulées par le gouvernement impérial.

L'Empire devait se consoler de cet échec dans sa politique extérieure en redoublant de sévérité à l'intérieur. Peu de jours après l'attentat d'Orsini, le gouvernement présentait au Corps législatif le projet de loi de sûreté générale, une nouvelle loi des suspects, quoi qu'en ait dit M. de Morny, le rapporteur de la commission.

Entre autres dispositions, ce projet de loi contenait les suivantes :

ART. 2.— Est puni d'un emprisonnement d'un mois à deux ans et d'une amende de 100 à 2,000 francs, tout individu qui, dans le but de troubler la paix publique ou d'exciter à la haine et au mépris du gouvernement de l'Empereur, a *pratiqué des manœuvres ou entretenu des intelligences,* soit à l'intérieur, soit à l'étranger.

ART. 5. — Tout individu condamné pour l'un des délits prévus par la présente loi peut être, *par mesure de sûreté générale,* interné dans un des départements de l'Empire ou en Algérie, ou expulsé du territoire français.

ART. 7. — Peut être interné dans un des départements de l'Empire ou en Algérie, ou expulsé du territoire, tout individu qui a été, soit condamné, soit interné, soit expulsé ou transporté par mesure de sûreté générale, à l'occasion des événements de mai et juin 1848, de juin 1849 ou de décembre

1851, et que des faits graves signalaient de nouveau comme dangereux pour la sûreté publique.

ART. 10. — Les mesures de sûreté générale autorisées par les articles 5, 6 et 7 seront prises par le ministre de l'intérieur sur l'avis du préfet du département, du général qui y commande et du procureur général. L'avis de ce dernier sera remplacé par l'avis du procureur impérial dans les chefs-lieux où ne siége pas une cour impériale. „

Sûreté générale, manœuvres, intelligences, mots vagues et dont l'élasticité même devait laisser toute latitude aux zélés interprêtes de la nouvelle loi. Ainsi, pour un de ces délits mal définis, pour une parole imprudente, pour une correspondance inoffensive, un citoyen pouvait être soustrait à ses juges naturels, se voir exilé ou transporté, et cela sur le simple avis donné au ministre par un préfet, un général, ou un procureur. Bien plus, au mépris du principe de non-rétroactivité, le simple fait d'avoir été condamné, interné, expulsé ou transporté pour des événements antérieurs, *parmi lesquels ceux de décembre* 1851, devenait au moindre soupçon un nouveau titre à la persécution. Il est vrai que M. Baroche, le fougueux républicain, qui se vantait après 1848 *d'avoir devancé la justice du peuple*, déclarait en présence de ces mesures iniques, de cette violation flagrante des principes de droit les plus élémentaires, « que le projet de loi continuait la politique de réparation et de conservation inaugurée le 2 décembre, „ et que « l'Empire repoussait ce système de concessions, *ce respect exagéré des scrupules des légistes*, qui ont amené les révolutions de 1830 et de 1848. „

Dociles à l'ordre du maître, les muets du Corps législatif votèrent la loi avec un ensemble qui témoignait hautement de leur servilité. Seuls, quelques délicats reculèrent devant l'acte de soumission qu'on leur demandait. Après une discussion dans laquelle MM. Ém. Ollivier, d'Andelarre, Plichon, de Talhouet, Legrand, de Pierres, combattirent le gouvernement, le projet de loi fut adopté par 217 voix contre 24.

La loi votée, il restait à l'appliquer. L'Empereur jeta les yeux sur le général Espinasse, un des illustres vainqueurs du 2 décembre, et lui donna le ministère de l'intérieur (M. Billault venait de donner sa démission, en même temps que M. Piétri, préfet de police), qui devenait ministère de l'intérieur et de la *sûreté générale.*

M. Espinasse ne tarda pas à répondre dignement à la confiance de son maître. Sa mission d'ailleurs, était nettement définie, ainsi que le prouve ce passage d'une lettre qui lui adressait l'Empereur le 15 février : « Le corps social est rongé par une vermine dont il faut, *coûte que coûte,* se débarrasser... Je compte pour cela sur votre zèle ; ne cherchez pas par une modération hors de saison, à rassurer ceux qui vous ont vu venir au ministère avec effroi. *Il faut qu'on vous craigne ;* sans cela votre nomination n'aurait pas de raison d'être. » (1).

Tous les préfets, mandés par le nouveau ministre, repartirent bientôt avec un chiffre désigné d'arrestations à opérer. Chaque département devait ainsi, bon gré mal gré, fournir son contingent ; les préfets disposaient de mandats d'amener en blanc.

Près de 2,000 personnes furent ainsi arrêtées, au hasard, sans motif avouable.

______

(1) *Papiers et correspondance de la famille Impériale.* Tome second, p. 65.

Etre républicain, ou même être parent d'un républicain, cela constituait un crime. Des fils, des frères, furent saisis pour leur père, leur frère absent; des femmes pour leur mari mort. Abritées par la raison d'Etat, les vengeances et les haines purent s'assouvir à loisir.

Malgré ces mesures de répression, et cette seconde édition de la terreur bonapartiste, Paris tint à affirmer dans les élections complémentaires du 27 avril et du 10 mai, son mépris pour l'Empire, en nommant députés MM. Jules Favre et Ernest Picard. Le choix du défenseur d'Orsini donnait à cette élection un caractère d'hostilité nettement accentué qui ne permettait pas de se méprendre sur le sentiment parisien. Le groupe des *cinq* qui tient une si grande place dans l'histoire parlementaire du second Empire, se trouva ainsi constitué, par l'adjonction des deux nouveaux députés opposants à MM. Emile Ollivier, Darimon et Hénon.

V.

L'apogée.

Dans sa lettre à l'Empereur, datée de Mazas, Orsini avait écrit cette phrase significative : "Que Votre Majesté se rappelle que tant que l'Italie se sera pas indépendante, la tranquillité de l'Europe et *celle de Votre Majesté ne seront qu'une chimère.* „ Ce n'était pas là une vaine menace. Napoléon III le savait bien ; la présence d'Italiens dans presque tous les complots dirigés contre sa vie, le lui prouvait surabondamment. Il résolut alors de déclarer la guerre à l'Autriche, d'abord pour désarmer les bras levés contre lui dans l'ombre, ensuite pour étourdir la France, qui se prenait à regretter ses libertés perdues et qui commençait à trouver que tout n'était pas pour le mieux dans le meilleur des empires. Une alliance secrète fut alors conclue avec l'Italie, représentée par M. de Cavour, et dans laquelle, en cas d'agrandissement du royaume de Piémont, la cession de Nice et de la Savoie à la France était stipulée. Le 1er janvier 1859, à la réception du Corps diplomatique, l'Empereur, afin de hâtér le dénouement adressa à M. de Hübner, ambassadeur d'Autriche, les paroles suivantes : « Je regrette que nos relations avec votre gouvernement ne soient pas aussi bonnes que par le passé. Je vous prie de dire à l'Empereur que mes sentiments personnels pour lui ne sont pas changés. »

C'était la guerre à courte échéance, et, malgré les dénégations des journaux officieux qui cherchaient à atténuer l'effet produit en France par ces paroles inattendues, les esprits clairvoyants ne purent s'y méprendre. L'annonce subite du mariage du prince Napoléon avec la princesse Clotilde, fille de Victor-Emmanuel, vint fortifier dans leur croyance ceux qui déclaraient la guerre certaine. Le mariage eut lieu à Turin le 30 janvier et les nouveaux époux arrivèrent à Paris le 4 février. Quelques jours après, à l'ouverture des Chambres, l'Empereur prononça un discours pacifique : « ... Loin de nous, disait-il, ces fausses alarmes, ces défiances injustes, ces défaillances intéréssées. La paix, je l'espère, ne sera point troublée. Reprenez avec calme le cours de vos travaux. » Malgré cette déclaration, la guerre était décidée en principe, et à la fin d'avril le gouvernement soumettait au vote de la Chambre deux projets de loi, l'un portant à 140,000 hommes le contingent de la classe 1858, l'autre autorisant l'émission d'un emprunt de 500 millions. Les deux projets de loi furent votés à une immense majorité. Le 3 mai, M. Walewski apportait la nouvelle officielle de la déclaration de guerre au Corps législatif, qui votait d'urgence une levée anticipée de 140,000 hommes sur le contingent de 1859 et un crédit de 90 millions pour faire face aux dépenses imprévues.

En même temps, l'Empereur adressait au peuple français la proclamation qui contenait ce programme qu'il ne devait pas remplir : *l'Italie libre des Alpes à l'Adriatique.* Le 10 mai, il quittait Paris au milieu d'un enthousiasme général.

La guerre cette fois était populaire, et s'il cherchait la popularité, Napoléon III avait frappé juste. Le premier engagement eut lieu à Montebello le 20 mai; d'abord repoussés, les alliés refoulèrent les Autrichiens après un combat dont l'effet moral fut des plus heureux. Même résultat à Palestro le 30 mai, où l'armée sarde, renforcée par le 3e zouaves, soutint le choc de l'ennemi et le mit en déroute. Pendant ce temps, Garibaldi, l'ardent patriote, chassait les Autrichiens de Côme et de Varèse à la tête de ses volontaires.

Le 3 juin, il ne restait plus un seul soldat autrichien sur le territoire piémontais et les armées alliées étaient concentrées sur le bassin du Tessin prêtes à passer le fleuve.

Cette opération s'effectua à Turbigo (3 juin), malgré la vive résistance des Autrichiens. Le lendemain 4 juin, nouveau combat, ou plutôt bataille sérieuse à Magenta, et qui dura tout le jour. La lutte fut acharnée et le succès longtemps indécis ; l'arrivée de Mac-Mahon vers la fin de la journée, nous permit de prendre une vigoureuse offensive et de nous emparer du village de Magenta, qui nous ouvrait la route de Milan (1). Les généraux Mac-Mahon et Regnault de St-Jean-d'Angely furent nommés

____

(1) Nous avions eu 4,444 hommes hors de combat et deux généraux tués, Espinasse et Cler.

maréchaux de France. Le premier fut fait en outre duc de Magenta; le 7 juin, il entrait à Milan, qui, dès la veille avait constitué un gouvernement provisoire et proclamé l'annexion de la Lombardie au Piémont.

Le 8, les Autrichiens, qui se fortifiaient à Melegnano (Marignan) sur la route de Lodi, étaient délogés par les troupes du maréchal Baraguey d'Hilliers et se retiraient derrière l'Adda, puis sur le Mincio. L'empereur François-Joseph, qui avait pris le commandement en chef de ses troupes après Magenta, résolut de livrer une grande bataille et de rejeter les alliés au delà de la Chiese. Les deux armées se rencontrèrent le 24 juin entre la Chiese et le Mincio dans une vaste plaine dominée par des collines sur lesquelles s'élève entre autres villages, celui de Solferino. Le choc fut terrible, il s'étendit sur un espace de 10 kilomètres (les Autrichiens comptaient 160,000 hommes, les Français et les Sardes 150,000), et la victoire ne fut décisive qu'à la fin de la journée (1). Le général

(1) 12,000 Français et 22,285 Autrichiens hors de combat.

Niel fut nommé maréchal, et le 28 juin, l'armée française passait le Mincio sans résistance. Les Autrichiens se concentraient dans le quadrilatère, et tout semblait se préparer pour le siége régulier des forteresses, lorsque le 6 juillet l'empereur fit proposer une suspension d'armes à François-Joseph. L'armistice accepté du 8 juillet au 15 août, les deux souverains se rencontrèrent à Villafranca et arrêtèrent les préliminaires de paix. La Lombardie, moins Mantoue et Peschiera était remise au Piémont, la Vénétie restait à l'Autriche et les ducs de Toscane et de Modène rentraient en possession de leurs duchés.

Ce fut un coup de foudre pour l'Italie, qui voyait ainsi s'évanouir ses espérances d'unité. Que devenait le programme : *l'Italie libre des Alpes à l'Adriatique?* Il importait peu à Napoléon III, que l'attitude de la Prusse inquiétait, et à qui ces lauriers suffisaient. Le 12 juillet, il quittait son quartier-général et partait pour la France, accueilli par le silence et la froideur des Italiens qui naguère le saluaient de leurs acclamations. Le 17, il arrivait à Saint-Cloud. Le lendemain, dans sa réponse aux grands Corps de l'Etat, il prononça cette phrase qui donnait peut-être la clef de son recul subit : « Pour continuer la lutte avec succès, dit-il, il fallait partout franchement se fortifier du concours de la révolution, » et la révolution l'effrayait. Le 14 août, l'armée d'Italie fit son entrée triomphale à Paris ; l'empereur qui l'attendait à la place de la Bastille prit place en tête du défilé ; il fut froidement accueilli, tandis que les soldats furent fêtés avec un enthousiasme indescriptible.

Vainqueur de l'Autriche après l'avoir été de la Russie, consolidé sur son trône par les succès de son armée, Napoléon III résolut d'être non pas seulement le glorieux, mais encore le magnanime, et comme une preuve de son autocratie et du dédain que lui inspiraient désormais ses ennemis politiques, il résolut de les écraser du poids de sa clémence. Le 15 août, le *Moniteur* enregistrait un décret d'amnistie ainsi conçu :

« Amnistie pleine et entière est accordée à tous les individus qui ont été condamnés pour crimes et délits politiques, ou qui ont été l'objet de mesures de sûreté générale.»

Déjà plusieurs amnisties partielles avaient été accordées, et un certain nombre de proscrits avaient été autorisés à rentrer en France sous la condition de ne plus s'occuper de politique. En présence du nouveau décret, il s'établit des dissidences d'opinion parmi les exilés. Louis Blanc était d'avis que le plus grand nombre profitât du décret, tandis que quelques-uns repousseraient toute clémence, afin, disait-il, « d'enlever à Louis-Bonaparte la tentation de frapper ceux qui rentraient, en leur conservant des défenseurs dans ceux qui ne rentraient pas, et en ôtant à l'homme qui allait disposer de leur sort l'espoir d'arriver par leur destruction à l'anéantissement du parti tout entier. »

Félix Pyat protesta contre cette proposition : *«... Ce n'est pas le tout que de mépriser l'ennemi en perspective.... Pourquoi réduire à priori tous les hommes d'action à néant ?*(1) „ Ledru-Rollin, seul excepté de la

______

(1) L'avenir nous a démontré que, lorsqu'il parlait ainsi des hommes d'action, M. Félix Pyat se mettait hors de cause. Il est de ceux qui excitent les combattants sans jamais entrer en lice, et sa *prudence* est aujourd'hui proverbiale.

mesure d'amnistie, grâce à une condamnation par contumace, engagea publiquement ses coreligionnaires politiques à ne pas la repousser : "... N'oublions pas, dit-il, que tout républicain qui revient en France sans s'être dégradé, est, en dépit de tout, un foyer rayonnant de lumière et un soldat prêt pour le jour prochain. „

D'autres proscrits, Edgar Quinet, Madier de Montjau, Schœlcher, Clément Thomas, Charras, refusèrent le pardon impérial (1).

Pendant qu'un congrès réuni à Zurich concluait un traité sur les bases de Villafranca, les Romagnes se soulevaient et se donnaient en partie au Piémont, menaçant ainsi l'existence temporelle du Pape. L'Italie prouvait ainsi qu'elle entendait continuer seule l'œuvre d'unification laissée inachevée par son allié, et elle était poussée dans cette

(1) Clément Thomas ne devait rentrer en France que pour finir misérablement assassiné en un jour d'émeute par une populace ivre de la *luxure de sang*. (Voir dans cette collection, *Histoire de la Commune*.)

Charras n'eut pas la consolation d'assister à la revanche du droit ; comme Flocon, Ribeyrolles, Amédée Jacques, Barbès et tant d'autres, la mort vint le frapper en exil.

voie par l'Angleterre, tandis que Napoléon III, circonvenu par le parti clérical, s'engageait dans une politique « de malentendus, de démentis et de volte-faces inacceptables pour le pays » (1). Trop habile pour rompre avec les cléricaux, jusqu'alors ses fidèles alliés, il n'osa non plus s'opposer ouvertement au mouvement unitaire qui se manifestait en Italie avec une intensité singulière ; de là ses hésitations, sa conduite ambiguë et ces gages donnés simultanément au pape et à Victor-Emmanuel.

À ces embarras venaient s'en ajouter d'autres. On se souvient que le traité secret conclu entre Napoléon III et M. de Cavour stipulait la cession de la Savoie et de Nice à la France, au cas où le roi d'Italie agrandirait ses États. Or, cette clause allait recevoir son exécution, et l'Angleterre en témoignait hautement son mécontentement, que partageaient les autres puissances ; c'est alors que, dans le but de calmer l'irritation de son ancienne alliée, l'Empereur, en vertu du droit que lui conférait la Constitution

(1) Discours de M. Jules Favre au Corps législatif, session de 1860.

de 1852, résolut de conclure avec elle un traité de commerce qui, inaugurant entre les deux nations l'ère du libre échange, assurerait de nombreux avantages à l'industrie anglaise. M. Michel Chevallier fut chargé des premières négociations avec MM. Cobden et Gladstone en octobre 1859. Le 23 janvier 1860, le traité fut signé après avoir été tenu secret par les négociateurs jusqu'au moment de son entier achèvement.

Lorsque le Corps législatif fut appelé à voter les mesures qui en permettaient l'application, en abaissant les tarifs d'entrée sur les laines, les cotons, il y eut une lutte assez vive. M. de Flavigny protesta contre un système " qui tendait à déposséder la Chambre de ses droits qui sont la garantie du pays. „ M. Jérôme David, un des plus ardents champions du césarisme, déclara regretter " que le pouvoir législatif, appelé depuis un demi-siècle à régler les moindres détails du régime des douanes, soit privé d'intervenir dans les discussions *qui fixeront pour dix ans le sort de l'industrie française.* „ Le projet de loi fut néanmoins voté par 249 voix contre 4. Quand vint la discussion sur le budget, un membre de la droite combattit les conclusions du rapporteur et affirma que depuis 1852 il y avait déficit, et que l'équilibre apparent présenté chaque année n'était obtenu qu'à l'aide d'opérations non moins ingénieuses que compliquées. Le budget fut cependant voté à l'unanimité moins une voix. Napoléon III régnait toujours en maître. C'est à ce moment qu'on vit éclore ces campagnes lointaines de Syrie, de Chine, de Cochinchine, entreprises sans motifs plausibles, et seulement, semble-t-il, pour détourner les yeux du pays des affaires intérieures. Une légère injure (1) fut la cause apparente de l'expédition de Chine; celle de Cochinchine eut pour but de protéger nos missionnaires contre les violences des indigènes.

L'expédition de Chine, entreprise d'accord avec l'Angleterre, fut placée sous les ordres du général Cousin-Montauban. Elle devait se terminer par la prise de Pékin et par le pillage du palais d'Été, qui contenait des

---

(1) Les Chinois avaient refusé l'entrée du fleuve Pei-ho aux ambassadeurs de France et d'Angleterre qui se rendaient à Pékin pour échanger les ratifications d'un traité conclu en 1858.

richesses considérables, qui furent la proie de notre armée. A son retour en France, le général Cousin fut créé comte de Palikao, et l'Empereur fit déposer un projet de loi à l'effet de lui créer une dotation. Cela dépassait toute mesure, alors surtout que la nation n'ignorait rien des opérations scandaleuses qui avaient suivi l'expédition; la Chambre eut le courage de rejeter la mesure qu'on lui proposait.

L'expédition de Cochinchine se termina par la conquête de trois provinces, qui constituent encore aujourd'hui une colonie française.

Malgré ces victoires exotiques, la France devenait blasée sur la gloire militaire. Tous ces lauriers ne lui faisaient point oublier la parole fameuse : " l'Empire, c'est la paix, „ et elle se prenait à désirer ardemment la paix. Des esprits chagrins venaient détruire l'harmonie des voix qui célébraient à l'unisson la grandeur de l'Empire, et jeter leur note grave au milieu de cette foule, toute aux jouissances et à la soif du luxe. Les *anciens partis*, froissés par l'attitude du gouvernement vis à vis du Pape, avaient rompu l'alliance conclue après Décembre, tandis que, d'autre part, les trop rares députés de l'opposition, fidèles à leur mandat, renouvelaient sans cesse à la tribune leurs protestations, qui trouvaient de l'écho à Paris et dans quelques grandes villes. C'était comme un renouveau de l'opinion publique qui ne laissait pas que d'inquiéter Napoléon, en lui faisant toucher du doigt le terme de sa toute-puissance, et en lui montrant l'inanité de son système de compression. Il résolut alors de désarmer l'opposition naissante en octroyant quelques concessions sans portée, en desserrant un peu les liens qui tenaient la France garrottée. Le décret du 24 novembre 1860 consacra ces réformes anodines dont la plus importante était la latitude laissée aux députés de formuler leurs vœux par voie d'adresse, en réponse au message annuel du trône. Ce pseudo-libéralisme put aveugler quelques esprits naïfs et crédules; la vérité est que le pouvoir personnel subsistait dans son intégrité et sa force, maître de disposer à son gré du sang de la France aussi bien que de ses ressources, ainsi que l'expédition du Mexique allait bientôt le prouver.

VI.

L'Empire libéral.

L'expédition du Mexique, « la plus grande pensée du règne, » fut décidée à la suite d'un accord entre l'Angleterre, l'Espagne et la France, en octobre 1861. Il s'agissait de demander à la république mexicaine réparation des dommages causés aux nationaux de ces trois puissances. Les flottes alliées, chargées de troupes, se dirigèrent vers la Vera-Cruz; c'est alors que Juarez, le président mexicain, s'empressa de faire amende honorable. Tandis que l'Angleterre et l'Espagne se déclaraient satisfaites et abandonnaient l'aventure, le gouvernement français se montrait plus exigeant et persistait dans sa revendication armée. Quel mobile secret lui dictait cette conduite? C'est ce que nous allons essayer de démontrer. Un banquier du nom de Jecker était créancier du gouvernement mexicain pour une somme de quelques millions dont il n'obtenait pas le paiement. Mis en rapport avec M. de

Morny, grand tripoteur d'affaires obscures, il cherchа à l'intéresser à sa situation. Et ici, nous laissons la parole à M. Jecker lui-même : « Vous ignorez sans doute, — écrit-il le 8 décembre 1869 à M. Conti, chef du cabinet de l'Empereur,—que j'avais pour associé dans cette affaire M. le duc de Morny, *qui s'était engagé, moyennant 30 % des bénéfices de cette affaire*, à la faire respecter et payer par le gouvernement mexicain, comme elle avait été faite dès le principe... Aussitôt que cet arrangement fut conclu, je fus parfaitement soutenu par le gouvernement français et sa légation au Mexique... L'affaire en resta là jusqu'à l'occupation du Mexique par les Français.

«Sous l'empire de Maximilien et *aux instances du gouvernement français*, on s'occupa de nouveau du règlement de mon affaire.

«En avril 1863, je parvins, *aidé des agents français*, à faire une transaction avec le gouvernement mexicain. A la même époque, M. LE DUC DE MORNY VINT A MOURIR, DE SORTE QUE LA PROTECTION ÉCLATANTE QUE LE GOUVERNEMENT FRANÇAIS M'AVAIT ACCORDÉE, CESSA COMPLÉTEMENT (1). »

(1) Cette lettre, d'une importance capitale, nous

Si l'on rapproche de cet aveu précieux de M. Jecker la phrase suivante de M. Edgar Quinet (1) : « On parle d'une créance de trois millions, transformée frauduleusement en une créance de soixante-quinze millions, » le but de l'expédition du Mexique apparaîtra très-clairement

Ainsi, et voilà qui est acquis désormais à l'histoire, des milliers de soldats se sont fait tuer pour permettre à M. de Morny d'exercer son *honnête* industrie et de grossir sa fortune.

Ce résultat matériel obtenu, l'expédition servait d'ailleurs les vues napoléoniennes. L'Empereur, profitant de la lutte intestine qui divisait alors les Etats-Unis, voulait *césariser* le Mexique en y établissant un empire. — « S'emparer du Mexique, y re-tremper le césarisme, l'imposer aux répu-bliques espagnoles, c'est la partie ambitieuse de l'entreprise. Abaisser, ou extirper la dé-mocratie des États-Unis, c'en est la partie

donne la clef du motif qui engagea Napoléon III, poussé par M. de Morny, à se lancer dans cette aventureuse expédition.

C'est la première pièce publiée par la Commission des papiers des Tuileries:

(1) *L'Expédition du Mexique.* 1862.

sérieuse, ou plutôt l'âme et la nécessité (1). »

Le 5 mars 1862, une petite armée de 5,000 hommes, commandée par le général de Lorencez, débarqua à la Vera-Cruz, et pénétrant dans l'intérieur des terres, essaya bientôt de s'emparer de Puebla. Elle fut repoussée, et l'attitude énergique des Mexicains rendit bientôt nécessaire la présence de forces plus considérables. Celles-ci débarquèrent, conduites par les généraux Bazaine et Forey, et le 5 juin 1863, l'armée victorieuse entrait à Mexico.

Les populations, *librement consultées,* à ce qu'affirment du moins les historiens officiels, déclarèrent leur ferme volonté d'avoir un empereur. L'archiduc Maximilien, frère de l'empereur d'Autriche, accepta, le 3 octobre 1863, la couronne qu'on lui offrait et le 12 juin 1864, il entrait à Mexico. Son règne devait être de courte durée. Juarez, malgré la présence des troupes françaises et des mercenaires autrichiens et belges dont Maxilien s'était entouré, suscitait de fréquentes révoltes. L'Empereur, odieux à ses

(1) *L'Expédition du Mexique,* par Edgar Quinet.

snjets qu'il ne maintenait qu'avec l'appui des baïonnettes étrangères, se vit bientôt isolé et trahi. Saisi à Queretaro par des partisans de Juarez, il fut fusillé le 19 juin 1867.

Peu après, sur une note menaçante des États-Unis, nous étions contraints d'évacuer le Mexique qui revenait à la forme républicaine.

Voilà donc quel était le résultat de cette aventure qui devait changer la face du monde, et que les députés de l'opposition et les journalistes libéraux n'avaient pas été seuls à blâmer.

Nous trouvons, en effet, dans une lettre adressée par M. Fould à l'Empereur, le 14 août 1866, et relative à l'expédition du Mexique, les passages suivants : « Aujourd'hui l'Empire n'a pas moins à redouter les États du Sud que les États du Nord. D'un autre côté, l'extension de nos relations commerciales semble plutôt compromise qu'obtenue... Il est malheureusement bien avéré aujourd'hui que la situation de l'empereur Maximilien ne peutse prolonger longtemps. Si nos troupes reviennent, leur départ sera plein de dangers pour elles-mêmes et pour nos nationaux au Mexique... Il semble donc impossible que l'empereur Maximilien se maintienne au Mexique. Il lui reste encore un beau rôle à prendre en renonçant à la couronne... „

La politique suivie par l'Empereur avait ainsi des adversaires jusque dans ses courtisans les plus dévoués.

Pendant que le gouvernement impérial violait ainsi le territoire mexicain et prétendait imposer un maître de son choix à ces patriotes qui si longtemps avaient tenu son armée en échec, l'Europe était le théâtre d'événements, peu importants en apparence, mais qui n'en devaient pas moins exercer une influence considérable sur les destinées de l'Empire. Nous voulons parler de l'annexion violente du Schleswig-Holstein.

Lors de son avénement au trône de Danemark, en 1863, Christian IX résolut de placer sous une Constitution unique toutes les provinces de son royaume parmi lesquelles le Holstein et le Lauenbourg, jusqu'alors régis par des lois particulières. Le Holstein, qui faisait partie de la Confédération germanique, conservait cependant son administration intérieure. La Diète de Francfort déclara que les droits de l'Allemagne étaient lésés et fit envahir les duchés de Holstein et de Lauenbourg par un corps d'armée saxon et hanovrien. A ces troupes se substituèrent bientôt celles de la Prusse et de l'Autriche. qui envahirent les duchés, en janvier 1864, avec 80,000 hommes.

La Prusse, qui suivait alors l'impulsion de M. de Bismark, avait vu là une occasion qui servait ses vues ambitieuses, et l'Autriche, redoutant avec raison cette politique qui tendait à la déposséder de la suprématie qu'elle occupait dans la Confédération, avait tenu, en imposant son concours, à déjouer les calculs de sa rivale.

En présence de cette violation flagrante du droit, l'Europe, impassible, s'émut à peine. L'Angleterre fit entendre de timides remontrances, et Napoléon III, le fougueux défenseur des opprimés, laissa égorger ce vaillant petit peuple danois dont les sympathies n'avaient jamais fait défaut à la France. Il est hors de doute que. sans engager une nouvelle guerre. l'attitude énergique de la France eût entraîné l'Angleterre, et que les spoliateurs eussent reculé. Politiquement, la faute était grande, elle montrait à nu l'impuissance et la faiblesse du gouvernement français ; moralement, elle consacrait la doctrine du *laissez-faire* et légitimait en quelque sorte l'odieux principe : *la force prime le droit*, dont M. de Bismarck devait faire, à notre égard, une si sanglante application.

Après une lutte énergique et dont, malheureusement, le résultat ne pouvait être douteux, le Danemark, écrasé par des forces supérieures, fut vaincu. « Le 31 octobre 1864, par un traité signé à Vienne, les duchés rentraient purement et simplement à la patrie allemande, sous la protection de la Prusse, avec quelques réserves en faveur du Schleswig du Nord, dont les habitants étaient danois. Ce sont ces réserves qui amenèrent la guerre de 1866 entre la Prusse et l'Autriche.... Une fois en possession des duchés, Guillaume Ier et le comte de Bismark s'y établirent militairement et administrativement... L'Autriche put bientôt s'apercevoir qu'elle était jouée par sa rivale. Bien qu'elle occupât le duché de Holstein militairement, le sans-façon et l'arrogance de la Prusse, dans le Schleswig comme chez elle, lui marquèrent clairement une détermination qui renfermait en ses flancs un prochain orage (1). „

L'orage, en effet, ne tarda pas à éclater. En juillet 1866, les deux puissances rivales en vinrent aux mains, non sans une joie secrète de Napoléon, qui comptait sur la défaite, ou tout au moins sur l'épuisement de la Prusse, pour s'emparer des provinces du Rhin, qu'il convoitait ardemment. La réalité vint brusquement déjouer ces projets. Après une campagne de trois semaines, l'armée prussienne campait en vue de Vienne, et terrifiée par la victoire de Sadowa, l'Autriche s'avouait vaincue. La supériorité de l'organisation militaire de la Prusse et de son armement venait de s'affirmer par un coup de foudre qui donna à réfléchir à l'Empereur. L'idée lui vint alors de s'allier au vainqueur, et, par un système de concessions réciproques habilement conçu, de partager avec lui la suprématie sur l'Europe.

M. Benedetti, notre ambassadeur à Berlin, fut chargé de négocier secrètement dans ce sens. On a publié récemment le projet

(1) *De la Prison de Ham aux jardins de Wilhelmsœhe,* par Emile Leclercq. Bruxelles, 1871.

de traité écrit de sa main, et par lequel la France s'emparait de la Belgique et du Luxembourg, tandis que la Prusse s'agrandissait en Allemagne. Les bonapartistes ont essayé de donner le change au sujet de ces négociations, en affirmant que ces propositions, émanées directement de M. de Bismarck, avaient été repoussées par Napoléon III. La lettre suivante, écrite par l'Empereur à M. Rouher le 26 août 1866, lève tous les doutes à cet égard et prouve même clairement que son ambition ne s'arrêtait pas en si beau chemin.

" Mon cher ministre Rouher,

„ Après vous avoir écrit ce matin (une lettre approuvant le projet de traité), il m'est venu un scrupule à cause de l'article qui garantit réciproquement les territoires des deux pays. Cet article non-seulement nous fait renoncer aux provinces du Rhin, mais encore nous obligerait, *si elles voulaient se donner à la France,* de marcher contre elles.

„ Il faut donc, je crois, passer cet article sous silence.

„Croyez à ma sincère amitié.

„ Napoléon. „

Les négociations traînèrent en longueur; notre diplomatie se laissa amuser et jouer par M. de Bismark, qui voulait, en gagnant du temps, se mieux préparer, au cas où une guerre éclaterait avec la France.

Bafoué par l'étranger, Napoléon voyait chaque jour diminuer son prestige à l'intérieur. En vain, pour se faire pardonner les fautes commises, il paraissait se rapprocher des parlementaires et des libéraux, sa toute-puissance allait s'effondrant. Son hésitation, ses atermoiements, sa politique vacillante, autant d'armes dont ses adversaires se servaient contre lui. Et de fait, qu'espérait-il trouver dans cette voie? Pouvoir né de la force, la force seule pouvait le maintenir; il devait rester fidèle à son origine violente, ne pas renier son passé, sous peine de se déjuger, d'abdiquer et finalement de disparaître. C'était folie à lui d'espérer que les républicains, désarmés par son apparente conversion au libéralisme, oublieraient leurs légitimes griefs, pour cesser de le combattre. Contre ce flot d'opposition qui chaque jour plus puissant venait ébranler son trône, une seule arme lui restait : la force. L'emploierait-il ? céderait-il aux conseils des ouvriers de la première heure que la mort n'avait pas emportés (1), et qui l'engageaient à faire un nouveau coup d'État? ou bien se laisserait-il influencer par la foule des nouveaux venus, ambitieux et intrigants de toute sorte, qu'une transformation de l'Empire autoritaire en Empire libéral pouvait seule amener au pouvoir?

C'est à cette période de son règne qu'apparut le mieux la faiblesse d'esprit de Napoléon III; c'est au moment de cette crise décisive que le néant de ses conceptions politiques éclata aux yeux de tous et qu'il donna libre carrière à cette indécision persistante qui était le fond même de son caractère. On le vit alors, hésitant entre les deux conduites à tenir, louvoyer, à l'aide de ces compromis bâtards dont il avait le secret, entre le parlementarisme et la répression violente. A peine avait-il fait un pas en avant dans le sens de la liberté, qu'effrayé, affolé, il s'en remettait bien vite à ses procureurs, à ses juges, du soin de sauver la société menacée et l'Empire chancelant.

(1) Morny, Mocquard, Billault, Saint-Arnaud, étaient morts.

VII.

La débâcle.

L'association internationale des travailleurs expérimenta, au début de l'année 1868, les effets de cette politique à double face. D'abord secrètement encouragée, puis tolérée par le pouvoir qui, à l'aide de ce fantôme de la révendication sociale, espérait tenir en respect la bourgeoisie libérale, elle fut poursuivie comme association illicite, et ses principaux membres furent condamnés (1). Un événement d'une portée plus considérable vint augmenter l'impopularité dont jouissait déjà l'Empire. Nos lecteurs se souviennent que parmi les divers épisodes du coup d'Etat, le plus dramatique avait été sans contredit celui de la mort du représentant Baudin, tué sur la barricade de la rue Sainte-Marguerite. Grâce au régime de compression qui avait signalé les premières années du règne de Napoléon III,

(1) Voir dans notre collection : *Histoire de l'Internationale*.

ce fait avait été vite oublié. Les républicains qui en avaient été témoins étaient presque tous en exil, les autres ne pouvaient parler; quant à la foule moutonnière, elle avait bien d'autres soucis en tête. Est-ce que l'heure n'était pas venue de jouir, de s'enrichir ? Est-ce que le carnaval impérial n'était pas à son apogée ? Quel trouble-fête eût osé parler du 2 décembre à cette cohue de bourgeois repus, d'agioteurs et de viveurs, qui trouvaient que tout était pour le mieux sous le meilleur des régimes?

Dans ce concert de courtisans et de satisfaits, une note manquait cependant, celle de la jeunesse. Avec cet instinct naturel du bien, ce sentiment inné de la justice qui souffle aux jeunes âmes l'amour ardent du droit et la haine du despotisme, la jeunesse, qui ne connaissait le 2 Décembre que par les allusions faites tout bas, presque en tremblant, ou par les échos venus de l'exil, était hostile au régime impérial. Allant du connu à l'inconnu, de ce qu'elle savait à ce qu'elle devinait, elle concluait au mépris et à la haine (1).

(1) Un jeune poëte, enlevé par la mort au brillant avenir qui l'attendait, Jacques Richard, se fit

C'est alors qu'un inconnu, un jeune homme, eut l'idée audacieuse d'écrire l'histoire du coup d'État. C'était vouloir saper le colosse par la base ; la tâche était difficile. M. Eugène Ténot s'en tira avec honneur et brisa du coup la légende du second Empire. Écrite avec mesure, sans colère, sans passion exagérée, l'œuvre nouvelle avait la froideur, mais aussi la netteté du procès-verbal, et c'était ce qu'il fallait, au surplus, sous peine de voir frapper et disparaître le livre. Le succès fut immense ; au récit de ces faits oubliés ou inconnus, la France tressaillit et parut sortir d'un long sommeil. Le récit de la mort de Baudin frappa plus particulièrement l'attention publique, et le 2 novembre 1868, la foule se rendit en masse au cimetière de Montmartre, pour déposer des couronnes sur la tombe de ce martyr du droit.

Des arrestations furent faites au cimetière ; à ce défi, la presse opposante répondit

l'éloquent interprète de ces sentiments dans une virulente satire, composée par lui au concours de la Sorbonne, alors que les examinateurs avaient donné comme sujet de composition l'*Éloge du prince Jérôme.*

en ouvrant une souscription pour élever un monument funéraire à Baudin. L'affluence des souscripteurs fut grande, et ce ne fut pas un des moindres étonnements des bonapartistes que d'y voir figurer les noms de Prévost-Paradol et de Berryer. En présence de cette manifestation, qui réunissait les hommes de tous les partis, soucieux du respect de la loi, le gouvernement se décida à poursuivre en même temps que les personnes arrêtées au cimetière, les journaux qui avaient ouvert leurs colonnes à la souscription. Lors du procès, il se présenta un singulier spectacle ; on sentait bien que les débats n'allaient s'engager sur le délit relevé que pour la forme, et que les défenseurs, élargissant le champ de la discussion, allaient traduire le 2 Décembre à la barre de l'opinion publique. C'est en effet ce qui arriva. Le réquisitoire partit cette fois des bancs de la défense, complet, véhément, passionné. Gambetta, dans un discours d'où date sa fortune politique, eut des accents implacables. Les prévenus furent naturellement condamnés à des peines diverses, mais qu'importait cela en présence de l'immense résultat obtenu, et des adversaires nouveaux qui se dressaient devant l'Empire.

En 1869, les 23 et les 24 mai, eurent lieu les élections générales, impatiemment attendues. A Paris, la liste de l'opposition passa tout entière. Parmi les élus figuraient Gambetta, que sa plaidoirie venait de mettre en lumière ; Bancel, un proscrit, élu contre Émile Ollivier, le transfuge ; Rochefort, le chroniqueur, devenu pamphlétaire, qui s'étant souvenu qu'en France le ridicule est l'arme qui tue le plus sûrement, avait fait de sa *Lanterne* une arme terrible, et avait vu grandir sa popularité par la persécution maladroite du pouvoir. Avec de pareilles élections, marquées au coin de l'opposition la plus absolue à l'empire, et complétées par un grand nombre d'élections départementales, qui avaient envoyé à la Chambre bon nombre de républicains et de libéraux, la situation de Napoléon III devenait critique. En face de la nation frémissante, revendiquant ses libertés, prête par la voix de ses représentants à demander compte de son sang et de son or, inutilement répandus depuis vingt ans, Louis-Napoléon eut peur. Les complices n'étaient plus là, et bien des fidèles, sentant la débâcle prochaine, se détachaient insensiblement. L'empereur, croyant frapper un coup d'audace, résolut alors de faire acte de libéralisme et confia à M. Emile Ollivier, le vaincu du 24 mai, l'ancien commissaire de la République à Marseille, le soin de former un ministère. Le 2 janvier 1870, le cabinet était constitué; parmi les nouveaux ministres figuraient MM. Daru, Chevandier de Valdrôme, Louvet, Maurice Richard, le général Lebœuf, l'amiral Rigault de Genouilly. M. Émile Ollivier avait le portefeuille de la justice, et M. Chevreau remplaçait M. Haussmann comme préfet de la Seine.

L'avénement du nouveau ministère n'apaisa point les esprits qui fermentaient; l'heure des concessions mesquines était passée, celle des revendications implacables était venue.

Le 10 janvier, l'Empire recevait une nouvelle atteinte, et cette fois de la main d'un des siens. Le prince Pierre Bonaparte, cousin de l'Empereur, tuait chez lui, à Auteuil, un des deux témoins que lui envoyait Rochefort pour lui demander raison d'un article insultant publié dans un journal de Corse.

La victime s'appelait Victor Noir ; le second témoin, sur lequel le prince avait tiré
sans l'atteindre, était Ulric de Fonvielle.
Dans Paris, la clameur fut immense ; un enfant du peuple tué par un Bonaparte,
c'était plus qu'il n'en fallait pour faire dé-
border la mesure. L'irritation s'accrut encore
lorsque parut le décret déférant le meurtrier, non point à la Cour d'assises, mais à
la juridiction spéciale de la Haute-Cour de
justice convoquée à Tours. En même temps
et en raison d'un article indigné publié par
Rochefort dans *la Marseillaise* le lendemain du crime, le procureur général Grand-
perret demandait à la Chambre l'autorisation de poursuivre le député de Paris. Le jour
des funérailles de la victime, plus de cent
mille personnes accompagnèrent le convoi,
il fallut toute l'influence de Rochefort et
celle de Delescluze pour éviter un conflit
sanglant. Les plus exaltés voulaient rame-
ner le cercueil à travers Paris et appeler la
foule aux armes ; ils comptaient sans les
troupes massées dans les Champs-Elysées
et autour de la Chambre. Le 17 janvier, le
Corps législatif autorisa les poursuites
contre Rochefort par 222 voix contre 34, et

le 22 il fut condamné par défaut à 6 mois de
prison et à 3,000 francs d'amende. Malgré
cet arrêté, Rochefort restait en liberté, lorsque, à l'issue d'une séance du Corps législatif dans laquelle MM. Emmanuel Arago,
Crémieux et Gambetta avaient protesté
contre sa condamnation (protestation suivie d'un ordre du jour voté par 191 voix
contre 45), il fut arrêté au moment où il
entrait dans la salle de la *Marseillaise*, 51,
rue de Flandre, où il devait faire une con-
férence sur Voltaire. C'était le 7 février
1870. Flourens, qui se trouvait dans la salle,
sortit à la tête de quelques jeunes gens, et
la petite troupe ébaucha dans le faubourg du
Temple quelques barricades qui furent rapidement enlevées par la police. Le lendemain, le bruit de l'arrestation de Rochefort
s'étant répandu, l'agitation grandit dans le
faubourg du Temple et à Belleville, et une
vingtaine de barricades furent élevées dans
ce quartier. Rue Saint-Maur, dans la soirée, la lutte fut assez vive à une barricade
défendue par une quarantaine d'hommes
résolus; la force armée resta cependant
maîtresse du terrain. Sur les boulevards,
les sergents de ville, armés de casse-tête,

chargeaient avec brutalité la foule compacte ; les rédacteurs de la *Marseillaise* étaient arrêtés et les réunions publiques interdites. Le 9 février, tout était fini ; ces combats inutiles avaient coûté plus de cent cinquante tués ou blessés, et trois cents arrestations avaient été faites.

Les événements se précipitaient, se heurtaient, presque tous menaçants pour l'Empire. La fièvre qui agitait Paris trouvait un écho en province, et la grève du Creuzot, dirigée par Assi, attirait un instant l'attention vers ces redoutables problèmes économiques et sociaux qui soulèvent tant de passions et excitent tant d'appétits.

Le 21 mars, les débats de l'affaire Pierre Bonaparte commencèrent devant la Haute-Cour, à Tours. Ils durèrent cinq jours, et le 25, les juges prononcèrent l'acquittement de l'accusé. Le pays accueillit cette sentence avec plus de stupéfaction que d'indignation : aux ennemis de l'Empire, elle n'arracha aucune surprise ; quant aux bonapartistes, elle leur sembla juste, — l'assassinat d'un républicain n'étant pas considéré par eux comme un meurtre. Tandis que la Haute-Cour rendait ce singulier verdict et que la justice recevait cet outrage, la Chambre, prise d'un singulier accès de libéralisme, abrogeait la loi de sûreté générale, et cela au moment où, sur quatre cent cinquante citoyens arrêtés à la suite des émeutes de février, comme prévenus de complot, trois cent soixante-dix-neuf voyaient l'accusation abandonnée à leur égard, alors qu'ils venaient de subir un emprisonnement préventif de deux mois.

Cependant les conseillers du souverain ne perdaient pas de vue les réformes grâce auxquelles ils espéraient fonder sur des bases solides l'empire constitutionnel, et faire une seconde jeunesse au pouvoir vermoulu qui craquait de toutes parts ; le 20 avril, le ministère présentait un projet de sénatus-consulte modifiant la Constitution de 1851, laquelle constitution ainsi modifiée devait être soumise à la ratification populaire par un plébiscite. Ce que valaient ces prétendues réformes, il suffit, pour avoir une opinion à cet égard, de connaître l'impression qu'elles produisaient sur l'esprit de M. de Persigny. « L'Empereur, disait-il, garde tout son pouvoir ; il a tous les pouvoirs de l'Empire autoritaire en créant l'Empire libéral. » Une discussion générale s'engagea au Corps législatif à ce sujet; l'opposition contestait à l'Empereur le droit au plébiscite direct et demandait à en discuter les termes. Malgré de magnifiques discours de MM. Jules Favre et Gambetta, qui qualifièrent ce mélange hybride de parlementarisme et d'autocratie de *despotisme hypocrite* et déclarèrent nettement que l'Empire ne pouvait supporter la liberté, même à dose infinitésimale, la Chambre passa à l'ordre du jour, laissant au Sénat le privilége de discuter article par article le sénatus-consulte. Peu de temps après, elle était prorogée; il importait à M. Emile Ollivier d'étouffer la voix des mandataires du pays, au moment où l'Empire allait se retremper dans la sanction populaire. La formule du plébiscite, insérée au journal *officiel* du 23 avril, en même temps que le texte de la nouvelle Constitution, était celle-ci : « Le peuple approuve les réformes libérales opérées dans la Constitution depuis 1860 par l'Empereur, avec le concours des grands corps de l'Etat, et ratifie le sénatus-consulte du 20 avril 1870. » Elle était accompagnée d'une proclamation de l'Empereur. « En

apportant au scrutin un vote affirmatif, disait-il, vous conjurez les menaces de la révolution, vous asseyerez sur une base solide
l'ordre et la liberté et vous rendez facile,
dans l'avenir, la transmission de la couronne
à mon fils. »

La période plébiscitaire, pendant laquelle
les réunions publiques furent autorisées,
dura huit jours qui furent tout remplis du
bruit des discussions passionnées. C'est dans
cette semaine qui précéda le vote, que
M. Emile Ollivier, rapprochant des machi-
nations diverses et indépendantes les unes
des autres, fit grand bruit d'un vaste complot contre la sûreté de l'État et la vie de
l'empereur. Y avait-il une conspiration?
Certes, et l'aveu en a été fait par un de ses
principaux instigateurs, par Flourens (1),
mais conspiration maladroite où, comme on
l'a dit : « l'œil et la main de la police se re-
trouvaient parmi les conjurés et où se cou-
doyaient, dans une promiscuité attristante,
les exaltés et les espions. (2) „

Cette circonstance fut habilement exploi-

(1) *Paris livré*, par G. Flourens.
(2) *Histoire de la révolution de* 1870-71, par
J. Claretie. (Livre Ier, chap. V.)

tée par le ministre qui groupa d'une façon dramatique l'assassinat d'un agent par Mégy, la découverte de bombes fulminantes, les tentatives d'embauchage tentées dans l'armée par Flourens, etc. Les journaux officieux reproduisirent à l'envi son rapport ainsi que l'acte d'accusation, afin d'arracher aux électeurs timides le *oui* que quémandait Napoléon III. A la suite de ce rapport, les accusés furent déférés à la juridiction spéciale de la Haute-Cour convoquée à Blois.

L'*activité dévorante* déployée par M. Émile Ollivier, le zèle des fonctionnaires grands et petits, l'union effarée des conservateurs de toutes nuances, enrégimentés pour la circonstance par des comités spéciaux, et le manque de discipline du parti républicain produisirent le résultat qu'il en fallait attendre. Le 8 mai, la nation répondit par 7,336,434 *oui* et 1,560,709 *non* à la question qu'on lui posait. A Paris même, l'opposition avait perdu du terrain depuis les dernières élections générales: 138,416 votants avaient voté *oui* et 184,345 seulement avaient voté *non*.

L'empire triomphait une fois de plus, il venait de gagner son *Sadowa à l'intérieur;*

à peine si au bout de dix-huit années, il avait perdu un million de voix. C'était là, disons-le bien haut, le résultat des maladroites exagérations du parti révolutionnaire ; si le pays avait soif de liberté, ce qu'il désirait avant tout c'était le calme, et la peur d'un bouleversement social le faisait se jeter dans les bras de la dictature.

Lorsque le résultat du scrutin fut connu à Paris, la stupeur fut grande et l'émotion populaire se traduisit par des troubles aussitôt comprimés. Le gouvernement avait eu soin d'ailleurs de faire un déploiement de forces considérable, tout prêt qu'il était, comme au 2 décembre, à faire parler le canon, si du sein des urnes était sortie sa condamnation.

Le 20 mai, en remettant solennellement à l'empereur le recensement général des votes, M. Schneider, le président du Corps législatif lui assurait que la France était avec lui, et Napoléon III répondait : "... Aujourd'hui, l'Empire se trouve affermi sur sa base.... Nous devons plus que jamais envisager l'avenir sans crainte. „

Le coup de tonnerre était proche cependant, qui allait anéantir tous ces rêves, dis-

siper ces chimères et précipiter du haut de
sa toute-puissance Louis-Napoléon Bonaparte, empereur des Français.

Pendant le mois de juin, une sorte d'a-
paisement momentané avait gagné la nation; il y avait comme une trève des partis.
A peine si la pétition des princes d'Orléans,
demandant à rentrer en France, et le procès
intenté à trente-huit membres de l'*Internationale*, accusés de faire partie d'une
société secrète, parvenaient à passionner
un instant les esprits avides de calme et
de repos.

C'est ce moment que choisit le gouvernement impérial pour lancer la France dans
une aventure guerrière. La victoire plébiscitaire n'était que factice, il importait de la
doubler d'un peu de gloire militaire et surtout d'étouffer, par une guerre prochaine,
l'esprit d'indépendance qui germait dans
l'armée et que le vote du 8 mai avait mis en
lumière. La Prusse était l'adversaire désigné à nos coups depuis Sadowa. Aussi dès la
fin de juin les dispositions furent-elles prises
en vue d'une campagne du Rhin.

C'est ce qui ressort très-clairement des
dépêches publiées depuis la chute de l'em-

pire (1) : l'incident Hohenzollern n'a été que le prétexte nécessaire aux yeux du pays, et tout autre incident diplomatique d'aussi mince importance que celui-là fût devenu un *casus belli*, si celui-là ne s'était pas présenté.

Notre intention n'est point de nous étendre sur les événements qui se succédèrent depuis cette époque jusqu'à la chute de l'empire. Un de nos collaborateurs en a retracé avant nous le récit mouvementé dans un volume spécial, et nous ne voulons que les rappeler brièvement afin de ne point mentir à notre titre.

Le 5 juillet, on signale la candidature du prince de Hohenzollern au trône d'Espagne ; le 6, en réponse à une interpellation de dix membres du Corps législatif, M. de Gramont, ministre des affaires étrangères, déclare que si les intérêts et l'honneur de la France étaient en péril, le gouvernement saurait remplir son devoir sans hésitation et sans faiblesse. Après une déclaration semblable de M. Ollivier au Sénat, les négocia-

(1) Voir entre autres la dépêche adressée *le 30 juin* par le ministre de la marine au préfet de Cherbourg, et la réponse du préfet.

tions restent secrètes pendant quelques jours, puis on apprend, le 12, que le prince de Hohenzollern renonce officiellement à la couronne d'Espagne. Ce n'est point l'affaire des bonapartistes ni des braillards excités par la presse officieuse et qui parcourent tous les soirs les boulevards en criant : " A Berlin ! Vive la guerre ! „ MM. Jerôme David et Clément Duvernois, qui font le jeu du gouvernement, l'interpellent sur les garanties données par la Prusse. On exige alors du roi de Prusse l'engagement de ne laisser jamais un membre de sa famille monter sur le trône d'Espagne. Il refuse, préparé qu'il est à la lutte qu'il sait imminente depuis 1867, et le 15 juillet la guerre est déclarée. Notre armée est dirigée à la hâte vers la frontière de l'Est, et le 30, l'empereur, qu'accompagne le prince impérial, en prend le commandement en chef.

Ici commence la douleureuse odyssée et l'expiation sanglante. C'est d'abord Sarrebruck, ridicule prélude de l'invasion, puis Wissembourg, où nos soldats sont écrasés après avoir lutté un contre cinq. A Frœschwiller, à Wœrth, à Reischoffen, la fortune des armes nous est également contraire;

l'ennemi chaque jour gagne du terrain. A Borny, le résultat du combat est indécis, et malgré les sanglantes batailles de Mars-la-Tour et de Gravelotte, Bazaine bloqué sous Metz ne peut rompre le cercle qui l'enserre. Mac-Mahon, qui a reformé son armée dans les plaines de Châlons, remonte bientôt vers lui, espérant faire sa jonction. Il échoue, et le 1er septembre son armée, cernée, écrasée par une artillerie formidable, est rejetée dans Sedan, malgré son héroïque résistance. C'est alors que Napoléon III, le neveu du vainqueur d'Austerlitz et de Marengo, fait hisser le drapeau parlementaire et rend son épée vierge au roi de Prusse. Quelques jours après il partait pour Wilhelmsœhe la résidence que lui assignait Guillaume. On sait le reste. Parvenue dans la soirée du 3 septembre à Paris, la nouvelle du désastre de Sedan éclata comme un coup de foudre. Le 4, la foule envahit la Chambre des députés et, sans se soucier des lenteurs parlementaires, proclama la déchéance de l'Empire et l'avénement de la République. Pendant que cette révolution pacifique s'accomplissait au nom du mépris public, l'Impératrice s'échappait du palais des Tuileries et quittait Paris sous un déguisement. Dans la soirée, le gouvernement de la défense nationale, élu par acclamation, rendait les premiers décrets au nom de la République française. Le second Empire avait vécu.

Le 28 février, l'Assemblée nationale, réunie à Bordeaux, votait la déchéance de Louis-Bonaparte et de sa famille, à l'unanimité moins cinq voix. C'était la ratification légale du mouvement populaire du 4 septembre.

Napoléon III avait régné pendant dix-huit ans sur le peuple français. Arrivé au pouvoir en violant la Constitution et en égorgeant la République, qu'a-t-il fait pour le repos et la prospérité de la France ?

Les faits dont nous venons de retracer brièvement l'histoire répondent éloquemment. Fondé par la violence, maintenu par la compression, le second Empire a fini par l'invasion, après avoir abaissé et ruiné la France. La dette flottante considérablement accrue, le trésor public appauvri, la patrie mutilée, voilà ses bienfaits. Armée, magistrature, clergé, tout a été corrompu, vicié, rien n'est resté debout de ce qui faisait la gloire et l'honneur du vieux nom français; il n'est pas jusqu'au sens moral de la nation qui n'ait été atrophié par cette servitude odieuse. De tout cela, que conclure, si ce n'est que l'épreuve est décisive et que le pouvoir personnel est condamné sans appel. La France, écrasée et meurtrie, sait maintenant de quel nom il faut appeler ce prétendu régime de l'ordre et quels abîmes profonds cachait ce calme trompeur et tant vanté. Entre les Césars qui la pillent et l'oppriment et la République qui travaille à la sauver, à la relever, son choix est fait. Elle entend n'y pas renoncer, en dépit des clameurs intéressées des bonapartistes et de leurs misérables intrigues, certaine qu'elle est de trouver dans cette voie la paix, l'ordre et la liberté.

TABLE

10 centimes le numéro.

L'ÉCLIPSE

Journal politique, satirique et illustré, hebdomadaire.

Directeur F. POLO.

L'Éclipse publie chaque semaine un dessin colorié de M. *A. Gill,* et une Semaine comique, par *Hadol.* Son texte est rédigé par les écrivains satiriques les plus en vogue : MM. *Léon Bienvenue, Emile Blondet, Ernest d'Herville, Paul Mahalin, Paul Parfait, A. Humbert,* etc.

ABONNEMENTS :

Paris, un an. . . . . . . 6 francs.
Départements, un an . . 8   "

On s'abonne en envoyant le montant de l'abonnement en timbres-poste au directeur de *l'Eclipse,* 16, rue du Croissant, à Paris.

BIBLIOTHÈQUE POPULAIRE

à 25 centimes le volume

(Étranger, 30 centimes).

Cette collection comprendra des petits ouvrages de différents genres : des livres de vulgarisation scientifique, des petits traités de politique populaire, des œuvres d'imagination, des ouvrages utiles, etc.

EN VENTE :

1. **Le Siége de Paris** (histoire du blocus de 1870-71). 1 vol. avec carte.
2. **Histoire de la Commune de Paris** (18 mars-31 mai 1871). 1 vol. avec plan.
3. **L'Empire dévoilé par lui-même** (papiers saisis aux Tuileries), avec autographes. 1 vol.
4. **Histoire de la guerre** (juillet 1870 à janvier 1871). 1 vol. avec carte.
5. **Journal d'un prisonnier de guerre en Prusse**, par un officier de marine. 1 vol.
6. **L'Hygiène**, par J. Denizet.
7. **Les Ballons pendant le siége**, par W. de Fonvielle. 1 vol.
7. **L'Alsace et la Lorraine**, par Élie Sorin, 1 vol. avec carte.
9. **Histoire de l'Internationale**, 1 vol.

DÉPOTS DE LA BIBLIOTHÈQUE POPULAIRE

A L'ÉTRANGER :

Belgique, M. Rozez, 87, rue de la Madeleine, à Bruxelles.
Angleterre, M. Maurice, 15, Tavistock-Row, Covent Garden, à Londres.

Bruxelles, imp. Ad. Mertens, rue de l'Escalier, 22.